青春文庫

子どもの心に届く

「いい言葉」が見つかる本

名言発掘委員会［編］

青春出版社

自分で考え、行動できる「きっかけ」が見つかる本――はじめに

親に何でも話してくれた子どもも、思春期をむかえると、突然、自分の殻にこもるようになるものです。子どもたちが抱える悩みは、人間関係であったり、学校や家族のことだったりとさまざまですが、周囲の大人にとっては、適切な〝距離感〟がつかめず、とまどってしまうことも多いようです。

そんな、迷いや悩みを抱え、どうしようかと考えあぐねている子どもたちには、多くを語るよりもたったひと言、心に寄り添う言葉をかけてあげたほうが、状況を動かす力になることも少なくありません。

本書では、そんな人生の指針となる珠玉の言葉の数々を古今東西から選りすぐってお届けします。

「あなたの強さは、あなたの弱さを認めることから育つ」（ジークムント・フロイト）や、「勇気はすべての景色を変える」（エマーソン）など、心に響く、胸に染みる、元気が湧き出る言葉が満載です。

自分で考え、行動できる「きっかけ」が見つかることを願ってやみません。

名言発掘委員会

２０１７年３月

子どもの心に届く「いい言葉」が見つかる本●目次

1 将来について 7

世界とは一冊の本であり、
旅に出ない者は同じ頁ばかり読んでいるのだ。

アウグスティヌス（古代キリスト教の神学者）『断片』

2 壁にぶつかったとき 31

一生懸命にやって勝つことの次にいいことは、
一生懸命にやって負けることなのよ。

L・M・モンゴメリ（カナダの小説家）

3 なぜ人は学ぶのか 87

優れた質問は知恵の半分と言える。

フランシス・ベーコン（イギリスの哲学者）

4
人間関係について 139
弱い者ほど相手を許すことができない。
許すという気持ちは強さの証なのだ。
マハトマ・ガンジー（インドの政治指導者）

5
考えあぐねているとき 187
逆境に陥ったら、思い出せ。
飛行機は向かい風があって飛び立てるのであって、
追い風に運ばれるわけではないのだ。
ヘンリー・フォード（アメリカの実業家）

6
人生で大切なこと 227
人の価値とは、その人が得たものではなく、
その人が与えたもので測られる。
アルベルト・アインシュタイン（理論物理学者）

7
飛躍を期すとき
チャンスは、
準備ができている者のもとにやってくる。
ルイ・パスツール（フランスの科学者・細菌学者）
285

8
幸福について
寝床につく時に翌朝起きることを
楽しみにしている人は幸福である。
カール・ヒルティ（スイスの法学者）
319

■カバー写真提供　iStock　©iStock.com/diane555
■本文写真提供　iStock　©iStock.com/lrmun
■本文イラスト　山田貴子
■制作　新井イッセー事務所
■ＤＴＰ　ハッシィ

1 将来について

世界とは一冊の本であり、旅に出ない者は同じ頁ばかり読んでいるのだ。

アウグスティヌス（古代キリスト教の神学者）『断片』

001

やりたいと思う自分の気持ちが大切だ。結果や人にほめられることを期待してはいけない。

ルートヴィヒ・ヴァン・ベートーヴェン（ドイツの作曲家）

多くの名作を世に遺したベートーヴェンですが、晩年は聴覚を失い、一時期は自殺も考えたといわれています。死を覚悟するほどの絶望感を打ち破ったのは、音楽への情熱にほかならないということでしょう。評価はあとからついてくるものです。

002

一日をどのように過ごしているのかを見れば、その人が未来をどのように考えて生きているかわかるのである。

アール・ナイチンゲール（アメリカの実業家）

毎日をただ漠然と暮らしていませんか。今やっていることは、すべて将来へとつながっています。「片時もサボらず、常に全力で！」とは言いません。ただひとつ、勉強するときも遊ぶときも、少し先の未来を想像しながら、「なりたい自分」を意識するようにしてください。

003

まだ経験したことのないことは
こわいと思うものだ。
でも考えてごらん。
世界は変化しつづけているんだ。
変化しないものは
ひとつもないんだよ。

レオ・バスカーリア（アメリカの教育学者）『葉っぱのフレディ』

季節がめぐり、落葉することを恐れた葉っぱのフレディに向けられた、友だちのダニエルの言葉です。

ここでは落葉＝死を意味しますが、人はそこにたどりつくまで、心も体も絶えず変わりながら生きていきます。

こうした変化の数々は「成長」という言葉に置き換えられるのではないでしょうか。

フレディもまた物語の中で、夏の日差しや秋の紅葉とたくさんの経験をしながら成長していきます。

「変化するものが生き残るのだ」。

これは『種の起源』で有名なダーウィンの言葉です。

自分にまつわる世界の変化に合わせて、自らも新たな体験をすることは、生きる力にもなるのです。

004

人間は何を知っているかではなくて、何をしようと思っているかによって、価値・無価値、能・不能、幸・不幸が決まる。

リントネル（オーストリアの教育学者）

頭がよく物知りな人を見て、うらやましいけど、自分はとてもあんなふうにはなれないと思っていませんか。大事なのは「何を学んだか」という結果よりも、「何を学ぼうとしたか」という姿勢です。意思のない学びで得る知識は、「頭でっかち」を生む元になりかねません。

005

敵と戦う時間は短い。自分との戦いこそが、明暗を分ける。

王貞治（福岡ソフトバンクホークス会長）

一流のアスリートはみんな、ライバルと戦う前に自分と戦っています。敵に勝った負けたと感情的になるのはほんの一瞬で、その何倍もの長い時間をじっと自分自身と向き合っているのです。どれだけ己を鍛えることができるか。まずはそれをテーマに取り組んでみてください。

006

つま先だけは、いつも夢の方向に向けておこう。

上田誠仁（山梨学院大学陸上競技部監督）

いったん挫折をすると、つい下を向いてしまう。心が大きなダメージを受けたときはそれもやむなしです。でも、ずっとそのまま地面ばかりを見ていたのでは、前に進むことはできません。心の整理がついたら、しっかりと目の前にある道の先を見据えましょう。

007

今、あなたのうえに現れている能力は氷山の一角。真の能力は、水中深く深く隠されている。

宇野千代（作家）

海上に顔を出している氷山は、じつは全体の6分の1にすぎないといわれています。あなたが今、出せている力もまだその程度だとすれば、何倍もの未知なる能力を秘めていることになります。ただし、それを生かすも殺すも自分しだい。無限の可能性を信じてください。

008

自分のやりたい夢があるのなら、諦めないで一歩ずつ頑張って。

向井千秋（女性初の宇宙飛行士）

医師だった向井さんが宇宙飛行士をめざしたのは、医師になって10年も経ってからのこと。日本人女性には無理だと思っていた宇宙飛行士になれるかもしれない！　このチャンスに賭けよう！　そう思ったそうです。夢を実現するためには、遠回りもアリだというお手本ですね。

009

今日のこの日は、きみのもの！きみの山が、待ってますよ。さあ、出発しなさい、君の道をね。

ドクター・スース（アメリカの絵本作家）『きみの行く道』

誰かがたどった足跡を歩いていけば、少なくとも道に迷うことはありません。でも、まだ誰も歩いたことのない道を行くのも人生の醍醐味です。校則じゃあるまいし、人生には「みんなと一緒じゃなきゃいけない」なんて決まりはないのですから、自分が信じる道を歩きましょう。

010

自分のポジションをまっとうすれば、誰かのプレイも助けることができる。

松尾雄治（元ラグビー選手）

ラグビーの世界では「ワンフォーオール、オールフォーワン」という言葉がよく聞かれます。「一人はみんなのために、みんなは一人のために」という意味です。

もちろん、これはスポーツに限った話ではありません。どんな道を選択するにせよ、人はひとりでは生きていくことはできません。中学生でも高校生でも、学校や部活、そして社会に属す以上、そこには「誰か」の力が必ず存在します。

そして、あなた自身もまた、その「誰か」であることはいうまでもありません。

自分の置かれた状況ではけっして手を抜かず、精一杯努力すること。伝説のラガーマンは、その大切さを説いています。

011

青年は決して安全株を買ってはいけない。

ジャン・コクトー（フランスの作家）『雄鶏とアルルカン』

日本には「石橋を叩いて渡る」ということわざがあります。歳を重ねると叩くだけでは足りず、叩き壊した挙げ句に結局渡らない…などということもあります。恐れを知らずに橋を渡れるのは、若者の特権です。

012

「なりたかった自分」になるのに、
遅すぎることなど決してないのだ。

ジョージ・エリオット（イギリスの作家）

013

若い時には若い心で生きて行くより無いのだ。
若さを振りかざして運命に向かうのだよ。

倉田百三（劇作家）『出家とその弟子』

014

あなたの強さは、あなたの弱さを認めることから育つ。

ジークムント・フロイト（オーストリアの精神分析学者）

自分は弱い人間だと認めると、なぜ強くなれるのか。それは、弱さを認めることはとても勇気がいることだからです。他人より優位に立ちたいと威張り散らすと、心に余裕がないのがバレてしまいます。身の丈を知ればふるまいが変わり、いつしか懐の大きな人になれるはずです。

015

「何々になろう」とする者は多いが、「何々をしよう」とする者は少ない。

長岡半太郎（物理学者）

将来は医者になりたいという人はたくさんいます。では、医者になって何をするか。ここまで答えられる人は少ないのではないでしょうか。「〇〇になりたい」と願望を募らせるより、それには何をすべきか、なってから何をしたいか。必ずセットで考えるようにしましょう。

016

明日のことが
わからないということは、
人の生きる愉しさを
つないでゆくものだ。

室生犀星（詩人・小説家）

日本史上最高のプロテニスプレイヤーといわれる錦織圭選手は、かつてインタビューで「対戦相手が書かれたトーナメント表はあえて確認しない」と語っています。

ふつうは、「ここで勝ったら誰に当たるのか」を知りたくなるものでしょう。ですが、あえてその情報をシャットアウトし、次の戦いにのみ集中するそうです。

先が見えない状態は不安な気持ちと隣り合わせです。でも、見えないからこそそのワクワクやドキドキもありますよね。

人生は山あり谷あり。何が起きるかわからない〝ドキドキ感〟を大事にしたいものです。

017

自分の意見を通したいのなら、まずは断言することだ。

フリードリヒ・ニーチェ（ドイツの哲学者）『さまざまな意見と戯言』

018

自分の持っているものを生かして、今いるところで、できることをやれ

セオドア・ルーズベルト（第26代アメリカ合衆国大統領）

019

世の人はわれを何とも言はば言へ わが成すことはわれのみぞ知る

坂本龍馬（幕末の志士）

こんなことをしたら笑われるかな…と人の目を気にして躊躇《ちゅうちょ》するのは凡人。笑わば笑えとばかりにガムシャラに行動したのが、この幕末の風雲児です。自分が納得してやるなら、まわりの目など気にせず前進あるのみ。気にするくらいなら、いっそやめたほうがマシです。

020

良識ある者は、たとえ歩みは遅くとも、足の速い人に追いつく。

テオグニス（古代ギリシャの詩人）『箴言』

イソップ物語の『ウサギとカメ』ではありませんが、足の速い者＝優秀な者、と過信しがちです。たとえば自分がカメ側の人間だとしても、焦ったりズルしたりせず、真っ直ぐに毎日を過ごすこと。そうすれば、自然とウサギの背中が見えてくるものです。

021

強い人間になりたいと思ったら、
水の如くでなければならぬ。
障害物がなければ水は流れる。
堰があれば水はとどまる。堰が除かれれば再び流れる。
四角の器にいれれば四角になるし、
円い器にいれれば円くなる。
このように謙譲であるために、
水はなによりもいちばん必要で、
またなにより力強いのだ。

老子（中国の思想家）

022

ただ一つ確かなことは、確かなものは何もないということだ。

大プリニウス（古代ローマの博物学者）『博物誌』

023

世界とは一冊の本であり、旅に出ない者は同じ頁ばかり読んでいるのだ。

アウグスティヌス（古代キリスト教の神学者）『断片』

2 壁にぶつかったとき

一生懸命にやって勝つことの次にいいことは、一生懸命にやって負けることなのよ。

L・M・モンゴメリ（カナダの小説家）

024

勘違いしちゃいけないのは
下に落ちるっていうのが
進化してないということではないんですよ
下に落ちるのも、
次に昇るための変化かもしれない
昇るために、
落ちることが必要なこともある。

本田圭佑（プロサッカー選手）

日本から海外へ飛び立った、日本サッカー界を代表する選手の言葉です。

本田選手ほど実績のあるプレーヤーでも、海外のクラブではスタメンは約束されません。ときにはベンチ外に追いやられることもあります。

それでも、本田選手はそうした状態は「後退ではない」と言い切っています。

たしかに、高く跳ぶためには低く低く、かがまなくてはなりません。高く跳ぶことが「進化」だとすれば、一度低くかがむことも進化に必要な動作ということになります。せっかくなら、どうかがめばより高く跳べるのか、これに頭を使ってみませんか。

025

機械じゃあるまいし。
まちがったっていいのよ。

フジコ・ヘミング（スウェーデンのピアニスト）

失敗を恐れる若者が増えているといいます。

もちろん、大人だって仕事でのミスは何よりも怖いし、できれば成功体験だけを続けたいものです。

この言葉の主であるフジコ・ヘミングは、過酷な人生を歩んだ遅咲きのピアニストである彼女は常々ミスタッチ（演奏中に音をはずすこと）を肯定しています。

実際、1音2音はずしたところで、彼女の音楽性は失われておらず、みごとに表現されているのです。

もっとも怖いのはミスをすることよりも、ミスを恐れるあまり何も行動しないことです。

もしも間違ったら、反省するところは反省して、早めに気持ちを切り替える努力をしましょう。

026

一生懸命にやって勝つことの次にいいことは、一生懸命にやって負けることなのよ。

L・M・モンゴメリ（カナダの小説家）

027

私は決して失望などしない。どんな失敗でも気持ちしだいで新たな一歩になるから。

トーマス・エジソン（アメリカの発明家）

028

その失敗はキミの勉強代だ。

豊田英二（実業家）

まわりの大人に「若いときの苦労は買ってでもしろ」と言われたことはありませんか。「うるさいな」と思う気持ちもわかりますが、これは真実です。大人になるとリスクを恐れるあまり行動できなくなるのです。失敗を糧にできるのは若者の特権だと覚えておいてください。

029

近道は、もちろんしたいです。
簡単にできたら楽なんですけど、
でもそんなことは、一流になるためには
もちろん不可能なことですよね。
一番の近道は、
遠回りをすることだっていう考えを、
いまは心に持ってやってるんです。

イチロー（プロ野球選手）『イチロー×矢沢永吉 英雄の哲学』

近道だからと危険な道を通って、痛い目に遭ったという経験はありませんか？

「急がば回れ」ということわざもありますが、目的地にたどりつきたいなら、遠くても確実に歩みを進めるほうが結局は近道です。

それは人生も同じかもしれません。

030

限界を決めるのは心だ。
心が何かをやれると思い描き、
自分がそれを100%信じることが
できれば、それは必ず実現する。

アーノルド・シュワルツェネッガー（アメリカの政治家・俳優）

プロのアスリートが引退するとき、その多くはメンタルに原因があります。

「もうダメだ」と自分で限界を決めたとき、体もついていかなくなるのです。

裏を返せば、何をやるにも気力が充実していればやり遂げられる。心さえ前を向いていれば、足は自然と前に出るのです。

031

「失敗」とは転ぶことではなく そのまま起きあがらないこと。

メアリー・ピックフォード（サイレント映画時代の人気女優）

ひとつ失敗したからといって、自分を落ちこぼれだと決めつけるのはやめましょう。「転んでもタダでは起きない」くらいのしたたかさを今から身につけておけば、少々のことではへこたれません。

032

どんなものでも、何かの役に立つんだ。たとえば、この小石だって役に立っている。空の星だって、そうだ。君もそうなんだ。

映画『道』より

033

時間の使い方がもっとも下手な者が、まずその短さについて苦情をいう

ジャン・ド・ラ・ブリュイエール（フランスの思想家）

034

昔を振り返るのはここでやめにしよう。大切なのは明日何が起きるかだ。

スティーブ・ジョブズ（アップル社創業者）

この言葉の主は、iPhoneなどで知られるアップル社の創業者です。56歳という若さで病死してしまいましたが、現代に生きる私たちの暮らしのあちこちに、彼の遺した足跡が見てとれます。

そんなジョブズは、若いころはけっして優秀ではなく、むしろ問題児だったといいます。

ですが、生きていくうえで必要なのはそうした過去を振り返ってあれこれと考え込むことではありません。これからやってくる未来を楽しむ力です。

彼もまた、未来志向でいたからこそ、コンピュータの世界に革命を起こせたのです。

035

いっぱい転んで、いっぱい立ち上がればいい。

柳家小三治（落語家）

福島県会津地方に「起き上がり小法師」という郷土玩具があります。指でチョイと倒してもすぐに起き上がる、七転び八起きをイメージした縁起モノです。人生でつまずかない人など存在しません。転んだら転びっぱなしの人と、すくっと起き上がる人に分かれるだけです。

036

「苦しんで走ったら、その先にもっと大きな楽しさがある」ということがようやくわかったんです。

末續慎吾（陸上選手）

頂上で飲む一杯のコーヒーの美味しさが忘れられずに山を登るという人がいます。今は苦しい山道と向き合うだけの日々かもしれませんが、困難の先には、それを克服した人だけにしかわからない達成感があります。その達成感こそ、必ずや生きていく糧となるはずです。

037

つらいと思うことはあったよ。でも、いつしか休むことに罪悪感を覚えるようになる。するとつらくても起きるんだね。

法華津寛（馬術選手）

史上最高齢でオリンピックに出場した選手の言葉ですが、誤解してほしくないのは、「休むことが悪い」というわけではないということです。そう思ってしまうほど長い間、過酷な競技人生を送ってきたその素晴らしさを読み解いてほしい。継続は力なりです。

038

「女子には無理」と言われたけど、同じ人間としてできないはずはないと思った。

上村愛子（モーグル選手）

女子には無理、背が低いと無理、成績が悪いと無理、都会じゃないと無理…。世の中にはたくさんの〝無理〟がはびこっています。でも、なかには本当に無理かどうかはやってみないとわからないものもあります。「無理！」と言い切る人を見返してやるチャンスです。

039

つまずきは、転落を防いでくれる。

イギリスのことわざ

一生懸命に問題を解いたのに、答えを間違えたら「あーあ」と思いますよね。でも、その解答は消さずにおきましょう。なぜ間違えたのか、気づきがあるからです。失敗は成功の母。結果として事前につまずいておけば、その先に待ち受ける大きな失敗を防げるというわけです。

040

恐怖を克服すると決意さえすれば、たいていの恐怖は克服できる。なぜなら恐怖とは、人の心が作り出しているものだからだ。

デール・カーネギー（アメリカの著述家）

大人たちはよく「できると思えばできる」などと言って尻を叩いてきますが、「そんな無責任な」と嫌うなかれ。この言葉はいわゆる自己暗示というもので、あながち間違いではありません。逆に「これはムリ！」という恐怖心もまた、同じ自己暗示の負の産物にすぎないのです。

041

だからね、疲れたら「疲れた」って言えばいいしつらいときは泣いてもいいんじゃない？

日高万里（漫画家）『ひつじの涙』

つらいとき、お笑い番組やコメディ映画を観て大笑いするとストレスが吹き飛びます。でも、じつは最近の研究で「泣く」ことも同じくらいリラックス効果があることがわかってきました。とくに男性は泣くことを我慢しがち。苦しいときはストレス発散だと思って泣いてしまいましょう。

042

日の輝きと暴風雨とは、同じ空の違った表情にすぎない。

ヘルマン・ヘッセ（ドイツの小説家・詩人）

昼の飛行機に乗り、雲を突き抜けて高度1万メートルの世界に行くと、抜けるような空の青さに驚くことがあります。たとえ、雲の下では雨が降っていたり、雷が鳴っていたとしても、それはすべて同じ空です。いい日も悪い日も、同じあなたの1日なのです。

043

「ぼくはあまりつきつめて
ものを考えないんです。
考えて変わるならば、考えてもいいけれど、
どうにもならないことは
考えないことにしているのです。
そうでないとやっていけませんから」

野茂英雄（元プロ野球選手）『野茂とイチロー「夢実現」の方程式』

フェイスブックなどのＳＮＳをやっている人も多いと思いますが、悪意のある書き込みをされたり、言葉尻をとらえられて嚙みつかれたという経験はありませんか。

名言の主は、今でこそ当たり前になった日本人メジャーリーガーの道を切り開いた、いわばパイオニアです。

言葉も文化も違う世界で生きていくには、雑音も多かったはずですが、そんな困難を乗り越えられたのはいい意味での「鈍感力」、つまりスルースキルがあったからかもしれません。

自分で考えて変えられないことは悩んでも意味はなし！　このくらいの割り切りで次へ進んでください。

いやなことは、その日のうちに忘れろ。
自分でどうにもならんのに
クヨクヨするのは阿呆だ。
世の中は汗水流して働いて、頭を目いっぱい
使っても、いいことはめったにない。
だけど、いやなことはワンサカやってくる。
それに、かまけていては戦いができない。
忘れることだ。

田中角栄（第64・65代内閣総理大臣）

いくら努力しても報われない。ズルい人間だけが得をする…。
世の中にはそんな理不尽なことがたくさんあります。
大人になれば、なおさら増えていくでしょう。
でも、その悔しさにとらわれて立ち止まるのは損です。
「忘れる」こともまた、生きるうえで必要なスキルなのです。

045

100点以外はダメなときがある。

河合隼雄（心理学者）『こころの処方箋』

誰でも、全力でぶつからなければならない場面が必ず訪れます。大事なのはそういう「ときがある」ということ。常に100点を目指すわけではない。いつもそこそこでいいわけではない。ここぞ、というとき全力で「100点」を目指すということです。

046

自分のことを、この世の誰とも比べてはいけない。それは自分自身を侮辱する行為だ。

ビル・ゲイツ（マイクロソフト社創業者）

友だちのことを「うらやましい」と感じて苦しくなったとき、思い出してほしい言葉です。うらやましさの要因は、容姿かもしれないし環境かもしれない。でも、誰かと比べるということは、それまでの自分を否定することです。そんなの、もったいないと思いませんか？

047

「私は、失敗を恐れたことがないの。よいことは、必ず失敗のあとにやってくるものだから」

アン・バクスター（アメリカの女優）

昔から「ピンチのあとにチャンスあり」といいます。もしも何かしくじったら、この言葉を念じて立ち上がりましょう。「これ以上落ちることは何もない」と思えば、その先に待っているのは、いいことばかりに決まっていますから。

048

だって僕のしたことは全てそうするよりほかなかったのだとすれば、後悔しようにも、しようがないじゃないか？

サマセット・モーム（イギリスの小説家）『人間の絆』

受験、就職、結婚…。人生は常に選択の連続ですが、あとになって後悔する人でもっとも多いのは、納得のいく決断をできなかった人です。どんなに苦しくても、そのときにベストを尽くして自分で決断できれば、失敗しても悔いはないはずです。

049

歩け、歩け、続ける事の大切さ。

伊能忠敬（江戸時代の測量家）

伊能忠敬といえば、初めて実測による日本地図「大日本沿海輿地全図」を完成させた偉人として知られています。

彼は55歳から71歳まで、およそ10回にわたって日本国中を測量して歩きました。その距離はおよそ4万キロメートル。すなわち、ほぼ地球を一周したのと同じということになります。

電車もバスもない時代、想像するだけで過酷な日々ですが、その源にあったのは「地球の大きさを知りたい」という好奇心でした。

答えが出るまで歩き続ける。途中でやめたら、ゴールの先にあるものは一生知ることはできないのです。

050

第一原理、誰にも何事にも決して屈しない。

マリ・キュリー（ポーランドの物理学者・科学者）

壁にぶつかったときは、ほかの人の言葉がやたらと気になるものです。なかには助言にみせかけて、あなた自身を否定するようなことを言う人もいるかもしれません。そのときこそ、この言葉をお守りにして突っぱねて。屈するということは服従することです。

051

四《し》面《めん》楚《そ》歌《か》

『史記』

孤立無援を意味する四字熟語です。周囲を見回して誰も味方がいないときはどうしても心細くなりますが、そんなときこそ、自分だけは自分を裏切らないようにしてください。そして、できれば声を上げてください。きっと手を差し伸べてくれる人がいるはずです。

052

障子をあけてみよ外は広いぞ。

豊田佐吉（発明家・実業家）

学生時代は学校がすべてだと思い込みがちですが、卒業して社会に出てみれば、その空間がどれほど閉鎖的なものだったのか必ずわかります。今、八方塞がりで生きづらいと感じている人は、一足早く学校外の世界を探しにいきましょう。バイトでも趣味でもなんでもいいのです。

053

たとえ空一面が雲に覆われていたとしても、
太陽はその向こうでいつも輝いている。

ヘンリー・ワーズワース・ロングフェロー（アメリカの詩人）

054

君がつまずいてしまったことに興味は無い。
そこから立ち上がることに関心があるのだ。

エイブラハム・リンカン（第16代アメリカ合衆国大統領）

055

あすもまた、同じ日が来るのだろう。
幸福は一生、来ないのだ。
それは、わかっている。
けれども、きっと来る、あすは来る、
と信じて寝るのがいいのでしょう。

太宰治（小説家）『女生徒』

太宰治といえば、代表作である『人間失格』のせいか、どちらかといえば暗いイメージがつきまといます。ですが、本質的には明るい性格だったともいわれています。

どんなに悩んだとしても明日という1日は必ず訪れます。ときには楽観的にいきましょう。

056

災難は人間の真の試金石である。

ジョン・フレッチャー（イギリスの劇作家）

日本は自然災害の多い国です。自然が人間を試しているわけではないでしょうが、そのたびに復興に励み、必死で街を立て直そうとする人がいます。自分が困難に陥ったとき、どうかその力強い姿に思いをはせてみてください。

057

人が苦悩を忘れられるのは、それを苦悩することによってのみである。

マルセル・プルースト（フランスの作家）『失われた時を求めて』

成績や進路、人間関係など、学生時代の悩みは尽きません。でも、そうした悩みから逃れられる方法がひとつだけあります。それは、どこまでも悩み抜くこと。とことん考えれば解決方法は必ず見つかります。逆に放置していれば、いつまでも悩みのタネは残されたままです。

058

勇《ゆう》往《おう》邁《まい》進《しん》

日本のことわざ

体育の授業でハードル走をやったことがある人ならわかると思いますが、ハードルを倒すとどうしてもスピードが遅くなってしまいますよね。

もちろん、ルール上、倒すこと自体は違反にはなりません。オリンピック選手がバタバタとハードルを倒しながら、それでもゴールする姿を見たことがあるでしょう。

この四字熟語を辞書で引くと「困難をものともせず、ひたすら突き進むこと」とあります。

今、目の前のハードルを1台倒してガックリきているなら、そんなに落ち込むことはありません。

何度倒したっていい。ひたすらゴールをめざすのみです。

059

つらいならつらいと声にすればよい。
そうすれば胸が軽くなる。

フリードリヒ・フォン・シラー（ドイツの詩人・劇作家）

「我慢強い」というと、性格としてはプラスのイメージがあります。

ですが、もともと「我慢」という言葉は「我を張る」、つまり自惚れや慢心が強いという意味で使われていたということを知っていますか？

つらいことがあったとき、グッと堪えることは立派です。でも、それは別の角度から見たら、己の強さを過信しているだけで、心は悲鳴を上げているかもしれません。

つらいときは「つらい」と素直に口にしましょう。けっして弱いことでも悪いことでもありません。

それに、言葉にしただけで、つらさが半減することもあるのです。

060

困るということは、次の新しい世界を発見する扉である。

トーマス・エジソン（アメリカの発明家）

パスカルは「人間は考える葦である」と言いました。葦は自然の中では弱く孤独な生物ですが、考える力を持っているならば、それは素晴らしいことです。つまり、困ったり悩んだりするのは人間が生きている証です。そこを越えれば必ず次の道が見えてきます。

061

人間の目は、
失敗の時にはじめて開くものだ。

アントン・チェーホフ（ロシアの劇作家）

062

焦ることは何の役にも立たない。
後悔はなおさら役に立たない。
焦りは過ちを増し、後悔は新しい後悔をつくる。

ヨハン・ヴォルフガング・フォン・ゲーテ（ドイツの文豪）

063

恐怖は常に無知から生ずる。

ラルフ・ワルド・エマーソン（アメリカの思想家）

得体の知れないものには誰でも恐怖感を抱きます。でも、姿が見えない幽霊ならともかく、あなたが抱いている恐怖の正体は知ろうと思えば知ることができるはずです。不安なことがあったら、徹底的に調べましょう。学びましょう。そして攻略しましょう。

064

不《ふ》撓《とう》不《ふ》屈《くつ》

日本のことわざ

「どんな困難があってもくじけない」。そんなタフな精神を表す四字熟語です。肉体は鍛えればいくらでもタフになれますが、心をタフにするのは容易ではありません。目の前にある壁から目をそらさずに克服すること。この繰り返しこそが、心のトレーニングになるでしょう。

065

人間追い詰められると力が出るものだ。こんなにも俺の人生に妨害が多いのを見ると、運命はよほど俺を大人物に仕立てようとしているに違いない。

フリードリヒ・フォン・シラー（ドイツの詩人・劇作家）『ドン・カルロス』

066

失敗のいい訳をすれば、その失敗がどんどん目立っていくだけです。

ウィリアム・シェイクスピア（イギリスの劇作家）『ジョン王』

067

イヤならやめろ！ ただ本当にイヤだと思うほどやってみたか？

堀場雅夫（堀場製作所創業者）

世の中には適材適所という言葉があります。部活でも学校行事でも、結果的に「与えられた役割に向いていなかった」ということもあるでしょう。ただし、やめる前にはこの言葉を思い出してみてください。やりきってダメなら、やめても後悔は残りません。

068

最初の一歩を踏み出しなさい。たとえあなたが、階段のすべてを見渡すことができない場所にいたとしても、ただ、目の前の一段を上がりなさい。

マーティン・ルーサー・キングJr.（アメリカの牧師）

高い山に登るとき、標高の低い登山口からは頂上が見えないものです。でも、一歩一歩上をめざして進めば、必ず途中で現れる。そのことを知っているからこそ、登山家たちは最初の一歩が踏み出せるのかもしれません。あなたは今、ちょうど登山口にいるのではないですか？

069

忍耐はどんな悩みにも効く名薬である。

ティトゥス・マッキウス・プラウトゥス（古代ローマの劇作家）『断片』

070

冬来たりなば春遠からじ。

シェリー（イギリスの詩人）『西風に寄せる歌』

071

雨は一人だけに
降り注ぐわけではない。

ヘンリー・ワーズワース・ロングフェロー（アメリカの詩人）

072

私は天才ではない。ただ、なかには得意なこともある。
私はなるべくその得意な分野を
離れないようにしてきたのだ

トーマス・J・ワトソン（IBM初代社長）

073

もし、越えねばならない暗い谷間が一つもなかったら、山頂に立つ喜びは半減されるでしょう。

ヘレン・ケラー（アメリカの社会福祉活動家）

波乱万丈な人生も困りものですが、ひたすら凪が続くような人生は、それはそれでつまらないものです。どんな人生も山あり谷ありが当たり前。そもそも谷がなければ山は存在しません。今が谷底なら這い上がるしかない。そうしてたどり着いた山の景色はきっと美しいはずです。

074

窓あけて窓いっぱいの春

種田山頭火（俳人）

3 なぜ人は学ぶのか

優れた質問は知恵の半分と言える。

フランシス・ベーコン（イギリスの哲学者）

075

達成するまで
それは不可能に見える。

ネルソン・マンデラ（第8代南アフリカ共和国大統領）

南アフリカ共和国ではかつて「アパルトヘイト」という、白人と白人以外の人たちを差別する人種政策が行われていました。その国でネルソン・マンデラは黒人初の大統領になりました。

その道のりはまさに苦難の連続です。国の政策に反逆した罪で27年に及んで投獄されたこともありました。けれど人種に関係なく、すべての人がともに歩める理想の国をつくるために、彼はけっしてあきらめなかったのです。監獄の中でも熱心に勉強を続け、大学の通信制課程で法学士号を取ったのです。釈放後にはアパルトヘイトを撤廃するという目標を達成しました。

不可能を可能にするのは、運でも奇跡でもありません。あきらめずに自分を信じ、努力し続ける力なのです。

076

本というものは、僅か数行でも役立てば、それだけで十分ねうちのあるものだ。

津田左右吉（日本史学者）

1冊の本を読破するのにはけっこう根性がいるものです。でも、わずか100ページの本でも、500ページもの分厚い本でも、〝読後感〟はせいぜいひとつかふたつあればいいほうです。その、たったひとつの事実や知識、知恵、数行のくだりを見逃さないでください。これからのあなたを支えてくれる金言となるはずです。

077

良き書物を読むことは、過去の最もすぐれた人々と会話を交わすようなものである。

ルネ・デカルト（フランスの哲学者・自然科学者・数学者）

078

どうして君は他人の報告を信じるばかりで、自分の眼で観察したり見たりしなかったのですか。

ガリレオ・ガリレイ（イタリアの天文学者・物理学者・哲学者）

079

すぐ役立つことは、すぐに役立たなくなります。

橋本武（国語教師）『奇跡の教室』

今やインターネットで検索すれば、たいていのことはすぐに調べられる時代になりました。でも、簡単に知り得たことは、すぐに忘れてしまうものです。

国内有数の東大進学率を誇る中高一貫の進学校・灘校で、伝説の国語教師といわれた橋本武先生。先生は教科書を使わず、『銀の匙《さじ》』（中勘助、岩波書店）という薄い文庫本1冊を3年かけてじっくりと読んでいくという型破りな授業を行いました。

言葉一つひとつを丁寧に読み解いていき、生徒は興味を持ったことを自分で考えて調べていくのです。この授業を受けた教え子の多くが日本の第一線でリーダーとして活躍しています。ゆっくりと、しかし確実に自分のものにした知識こそが一生の財産になるという教えです。

080

我々は耳は二つもっているのに、口は一つしかもたないのは、より多くのことを聞いて、話すほうはより少なくするためなのだ。

ゼノン（古代ギリシャの哲学者）

「話し上手は聞き上手」といいますが、本当に話がうまい人は、ほかの人の話をよく聞いてから自分の話をし出します。雄弁なのもいいですが、まずは聞くことから始めませんか？

081

実験には二つの結果がある。もし結果が仮説を確認したなら、君は何かを計測したことになる。もし結果が仮説に反していたら、君は何かを発見したことになる。

エンリコ・フェルミ（イタリアの物理学者）

082

優れた質問は知恵の半分と言える。

フランシス・ベーコン（イギリスの哲学者）

083

自分の弱いところこそ、
大事にいたわるのではなく、
徹底的に鍛えることだ。

千代の富士貢（第58代横綱）

どんなにメンタルが強くて、体力的に自信があっても、必ずウィークポイントのひとつやふたつはあるものです。でも、弱点の多くは自分の努力しだいで案外簡単に克服できたりします。

力士としては小柄で肩の脱臼癖があった千代の富士は、自分の弱点である肩の周りを徹底的に鍛えてケガに負けない筋肉をつくり上げ、優勝回数31回という大横綱になりました。

ふつうの人はウィークポイントがあったら「できないからやりたくない」と逃げるものです。でも、そこで「できないから取り組んでみよう」と発想を変えてみてください。

いつしか弱みが強みに変わってきます。

084

誰よりも、三倍、四倍、五倍、勉強する者、それが天才だ。

野口英世（細菌学者）

085

なにかが起こったら必ず、
特にそれが新しいもののときは、

「原因はなんだろう？　どうしてこうなるんだろう？」

と考えるべきなのです。

いずれその答えが見つかるでしょう。


マイケル・ファラデー（イギリスの科学者）

086

技術の上手下手ではない。その心が人をうつのだ。

小澤征爾（指揮者）

世界有数のオーケストラを指揮してきた小澤征爾さん。彼のもつ情熱はオーケストラのメンバーに伝わり、そのタクトの先から紡ぎ出される音楽は聴く人の心を打ちます。どんなことにも当てはまりますが、技術的に優れている人なら山ほどいます。しかし、その技術を裏打ちしてより高いステージに上がるには人の有り様がモノをいうのです。

087

自分に何ができるかを知るより、何ができないかを知ることのほうが重要よ。

ルシル・ボール（アメリカの喜劇女優）

ルシルは、いわゆるコメディアンです。存命中はアメリカでもっとも影響力のある役者の一人でした。そんな彼女が放った言葉がこれです。

自分ができること、得意なこと、友達より優れていることは、放っておいても伸びるものですが、「できない」ことは目をつむって素通りしてしまうものです。

そこでまず、できないことを認識してください。リストアップするのもいいでしょう。すると謙虚になり、人の話に耳を傾けるようになります。

ソクラテスの言う「無知の知」の境地に立つわけです。

088

二本ある手のどちらかは
誰かの為に使えるように。

永六輔（放送作家）『「無償《ただ》」の仕事』

人は何のために学び、働くのでしょうか？

生きるために？　自分の好きなことをしたいから？

それともいい大学に入って一流の会社で働きたいから？

あるいは、何となく親が言うからしかたがないという目的意識のない人もいるはずです。理由は人それぞれでしょう。

『上を向いて歩こう』など、ヒット曲をたくさん作詞した永六輔さんは、「二本ある手のどちらかは誰かのために使えるように」が口癖の父親と一緒に、小さい頃からボランティアをすることが身近にあったそうです。

自分のためだけに学び、働くのもいいでしょう。でも、少しだけ心に余裕を持ってもう一方の手を誰かのために使ってみませんか。

089

教えることは2倍学ぶことである。

ジョセフ・ジュベール（フランスの哲学者）

たとえば、応仁の乱は1467年とわかっていても、どんな内容だったと聞かれたら、きちんと答えられる人はそれより減るはずです。勉強は、基本的にインプットの繰り返しです。でも、人に教えるというのはアウトプットになります。勉強したことを確実に身につけないと教えられないのです。

090

まず疑う、次に探求する、
そして発見する。

ヘンリー・バックス（イギリスの歴史学者）『文明の歴史』

091

真面目とは
実行するということだ。

夏目漱石（小説家）

092

温《おん》故《こ》知《ち》新《しん》

孔子（中国の思想家）『論語』

故《ふる》きを温《たず》ねて新しきを知る、ともいいます。新しいモノが好きな人は少なくありませんが、昔から伝えられていることを研究したり、そこから新しいことを考えたり、発見するのは大切なことです。ということは、おじいちゃんやおばあちゃん、両親の小言にも〝先人〟の素晴らしい知恵が詰まっているわけです。

093

薔薇はなぜという理由もなく咲いている。薔薇はただ咲くべく咲いている。薔薇は自分自身を気にしない。人が見ているかどうかも問題にしない。

アンゲルス・シレジウス（ドイツの宗教詩人）『瞑想詩集』

094

青年は未来があるだけでも幸福である

ニコライ・ゴーゴリ（ロシア帝国の小説家）『死せる魂』

095

人間は、過去を回想することでは賢くなれない。それよりも、未来の自分に期待することで賢くなれる。

バーナード・ショー（イギリスの劇作家）

「過去」は自分が積み重ねてきた大切な足跡ですが、いつまでもその余韻に浸っていても未来は開けません。それよりも、その軌跡をステップアップのための足場にしてしまいましょう。せっかく「経験」という人生の礎があるのですから、「ああなりたい」「こうしたい」夢をその上に築き上げていくのです。

096

知識は、記憶力によってではなく、自分の思想上の努力によって獲得された時にのみ知識であり得る

レフ・ニコラエヴィチ・トルストイ（ロシアの作家）

097

まず考えること、辛抱強く考えつくすこと。人間は自分で探し求め、発見したことしかよく覚えていることはできない。

ジャン・アンリ・ファーブル（フランスの生物学者）

098

誰でも生まれながらの才能を持っています。
問題となるのは、それを見つけるまで
行動できるかどうかなんです。

ジョージ・ルーカス（アメリカの映画監督）

スポーツ選手はよく「もってる」と言いますが、誰もが必ず持っているのが才能です。

でも、自分の才能なんて何が才能なのかよくわからないというのが本音でしょう。

そんなときは、一歩離れたところで新しいことにチャレンジしてみてください。それでもまだわからなかったら、また別のことに挑戦するのです。

きっと、自分の意外な才能に目が点となりますよ。

099

どんなに賢くっても、にんげん自分の背中を見ることはできないんだからね。

山本周五郎（小説家）『さぶ』

うしろ姿を見ただけでもそれが友人ならすぐにわかりますよね。背中ってけっこうその人の特徴が現れていたりするからです。でも、自分では見られません。そうやってお互いに見ているから「今日は元気がないな」などと思いやる気持ちが芽生えるんです。

100

何かを学ぶためには、
自分で体験する以上にいい方法はない。

アルベルト・アインシュタイン（理論物理学者）

101

好奇心と冒険精神は
消滅しない。

マリ・キュリー（ポーランドの科学者）

102

教育は高くつくというなら、無知はもっと高くつく。

ベンジャミン・フランクリン（アメリカの思想家）

幼稚園から大学卒業までにかかるお金は、最低でも1000万円は必要といわれます。

これが高いか、安いかの論議は別にして、「無知」であることで恥をかいたとか、大損をしたという話は枚挙にいとまがありません。

もっと悪いのは、それをよしとすること。友達にそんな人いませんか。

よく観察していると、フランクリンが言うように結局、高くついているはずです。

103

天才とは、1%のひらめきと99%の努力である。

トーマス・エジソン（アメリカの発明家）

電球や蓄音機など数多くの発明で知られるエジソンは、研究のためには寝食も忘れて何日も研究所に泊まり込んでいたとか。どんな素晴らしい成果も努力や忍耐、継続の上に成り立っています。

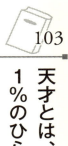

104

人は二つの教育を受ける。一つは他人から受けるもので、他の一つは自分が自分から受けるものである。

エドワード・ギボン（イギリスの歴史家）

105

お金は稼ぐより、節約するほうが難しい

ユダヤ人の金言

106

人間は〝もう駄目だ〟と思ったところで終わるのでは進歩がない。もう駄目だ。しかし、本当に身になる練習はここから始まる。

君原健二（元陸上選手）『人生ランナーの条件』

スポーツだけでなく、勉強や友達との関係でも「もうダメだ」と弱音を吐きたくなるときがあります。

でも、ため息をついてあきらめた瞬間に、それまで頑張ってきたことや築いたことが一気に崩れてしまいます。

そんなの、もったいないと思いませんか。

どうにか踏ん張って1歩を踏み出せ、とオリンピックに3大会連続出場した男子マラソン日本代表は励ましてくれます。

107

練習は量より質、質より気分。

平尾誠二（ラグビー元日本代表チーム監督）

日本のラグビー界を長年引っ張ってきた平尾誠二氏は、ただ練習をこなすだけでなく、人一倍、ラグビーへの情熱を持って取り組んでいた人でした。それでもヤル気や意欲が出ないときがあります。身が入らないときはやらないというのも一つの選択肢ですね。

108

得手に帆を揚げる

日本のことわざ

人は得意なことや好きなことには真っ先に取り組みます。すると、格段に集中力が増してくるのが実感できます。でも、上から目線で強要されたことでは持てる能力は発揮されません。好きなことを始めるのに年齢は関係ありませんが、若ければ若いほど水を吸ってぐんぐんと伸びる若木のようにグンと伸びていくはずです。

109

素晴らしい歌は歌詞だけでなく
曲も大切でしょう。
だからあなたが何を言ったかだけではなく、
どのように言ったかが大切なの。

オードリー・ヘップバーン（アメリカの女優）

同じ詩でも、作曲家によって曲が与える印象はぜんぜん違ってきます。

もちろん詩も大事ですが、曲も同じように大切です。

ようするに、ものは言いようということです。

同じことを言っても、その言い方や表現の具合いによってよくも悪くも人に与える印象が変わるのです。

110

ものさしは外部ではなく自分の内部にこそある。

新井満（作家）『少女物語』

ものさしは使い勝手のいい文具のひとつです。

もしあなたが今より個性的な人間になりたかったら、自分の中に「自分のものさし」を持つべきです。

すると、周囲に流されない独自の考えや、モノの見方が身についてきます。

111

初心忘るべからず。

世阿弥（猿楽師）『花鏡』

室町時代に能楽を大成した世阿弥は「若い頃の初心」「人生においてその時々の初心」「老後の初心」を忘れてはいけないと記しました。人生の中では誰しもつい慢心してしまう時期があります。しかし、そういうときこそ気を引き締めて、さらなる高みをめざしていきたいものです。

112

人は、教えることを通じて
もう一度学ぶ。

ジョセフ・ジュベール（フランスの哲学者）

113

これを知るをこれを知ると為し、
知らざるを知らずと為せ。
是れ知るなり。

孔子（中国の思想家）『論語』

114

人間のみがこの世で苦しんでいるので、笑いを発明せざるを得なかった。

フリードリヒ・ニーチェ（ドイツの哲学者）

友達に無視された、学校に行きたくない、死んでしまいたい…。

天気が毎日変わるように、人のココロも移り変わります。

この世に生まれた以上、苦しみはいつもあなたについて回ります。でも、そんなときに救世主となってくれるのが笑うことです。

バラエティ番組を見るもよし、笑うだけで福がやってくるかはわかりませんが、少なくとも落ち込んだココロは中和されるはずです。

115

遊ぶべきに遊ぶは
なお勤むべきに勤むるがごとし。

三宅雪嶺（思想家）

学校や塾で机に向かうだけが勉強ではありません。昆虫採集が好きな子どもはどの木のどのあたりにクワガタがいるかなど、虫の生態について楽しみながら学びます。すると、ほかにももっと知りたいことが出てきて興味は尽きません。そんな好奇心や自発性が個性を磨くパワーになります。

116

人に魚を与えれば一日で食べてしまうが、
人に釣りを教えれば一生食べていける。

老子（中国の哲学者）

117

考えずに読むのは、
よく噛まないで食うのに似ている。

エドマンド・バーク（イギリスの政治家）

118

新しいことを始めるのは怖くない。怖いのは、新しいことを始めなくなることだ。

マイケル・ジョーダン（アメリカの元バスケットボール選手）

小さな子どもは初めてのことでも躊躇なくやろうとします。そうして何度か失敗して痛い思いをすると手を出さなくなります。でも、成長したら手の届かなかったこともできるようになりますよね。バスケットボールの神様も常にチャレンジした結果、そう呼ばれるようになったのです。

119

不言実行

日本のことわざ

120

食欲なくして食べることが健康に害あるごとく、欲望を伴わぬ勉強は記憶をそこない、記憶したことを保存しない。

レオナルド・ダ・ヴィンチ（イタリアの芸術家・自然科学者）

121

無欲は怠慢のもとである。

渋沢栄一（実業家）

無欲は美徳ともいわれますが、欲がないと人は努力をしません。たとえ「何かがほしい」という物欲のためでもいいじゃありませんか。あれこれ画策して自分から行動を起こしてください。そこで得られる体験があなたの血となり肉となるのです。

122

勤勉なる者も怠惰なる者も、人生の半分は大差なし。
なぜならば、人生の半分は眠っているからなり。

アリストテレス（古代ギリシャの哲学者）『断片集』

123

無知を恐るるなかれ、
偽りの知識を恐れよ。

ブレーズ・パスカル（フランスの数学者・哲学者）

124

きみは見てはいても、
観察はしていない。

コナン・ドイル（イギリスの作家）

125

自分で薪を割れ。
二重に温まる。

ヘンリー・フォード（フォード創業者）

126

勉強は強いられるものではなく、知りたいと思うことを見つけて楽しみながらやるものだ。

益川敏英（ノーベル物理学賞受賞者・理論物理学者）

ノーベル賞をもらった人たちの多くは、それをもらうために頑張ってきたわけではありません。一心不乱に研究に取り組んだ結果、その努力が認められて受賞したのです。勉強も仕事も同じです。自分から進んで取り組めるかどうかがポイントです。

127

習慣ほど強い力を持つものはない。

オウィディウス（帝政ローマ時代の詩人）

128

時には踏みならされた道を離れ、
森の中に入ってみなさい。そこでは、
きっとあなたがこれまで見たこともない
何か新しいものを見出すに違いありません。

アレクサンダー・グラハム・ベル（スコットランドの科学者）

4 人間関係について

弱い者ほど相手を許すことができない。
許すという気持ちは強さの証なのだ。

マハトマ・ガンジー（インドの政治指導者）

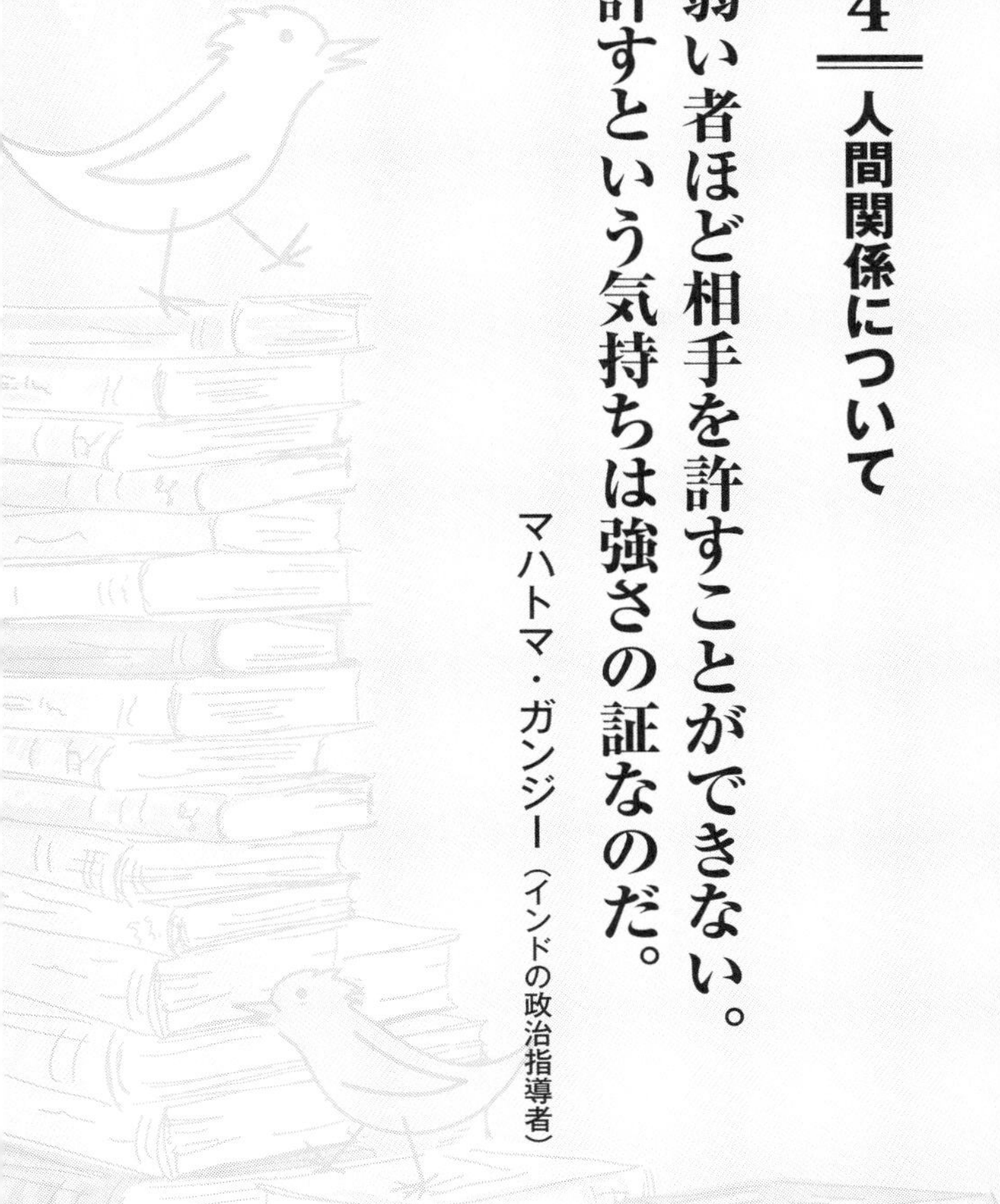

129

人間、自分ひとりでできることには
限界がある。だけど、人と力を合わせると、
不思議なことに不可能も可能に、
夢も現実になっていく。
だから出会う人を大切にするんだよ。

衣笠祥雄（元プロ野球選手）

元広島カープの衣笠祥雄氏は、連続試合出場の日本記録を持ち、「鉄人」と呼ばれた選手です。

彼はこうした偉業を自分ひとりの功績ではなく、チームメイトや家族、そして周囲の人々に支えられて成し遂げられたことだと自覚しているのでしょう。

誰しもひとりだけで生きていくことはできません。いくら才能があっても、努力を重ねても、ひとりの力ではどうにもできない限界があるのです。

だから、何ごとも自分ひとりでできると奢らずに、謙虚な気持ちでまわりの人たちに協力を求め、力を合わせていくことです。目標に到達するのが困難に思える道のりも、人と支え合えば前に進むことができるはずです。

130

勇気は筋肉と同じで、使えば使うほどきたえられる。

ルース・ゴードン（アメリカの女優）

歴史的な英雄も小さいころには弱虫だった人が少なくありません。けれど、彼らは何度も勇気を出すことを繰り返して、立派な人物に成長していったのです。誰もが生まれつき勇敢なわけではなりません。臆病な自分にさよならするために、小さな勇気から出してみませんか？

131

気にくわないことは変えればいい。変えられないときは、向きあう姿勢を変えるのよ。

マヤ・アンジェロウ（アメリカの活動家）

これは人間関係にも当てはまる言葉です。気にくわない相手に腹を立てているだけでは関係は好転しません。いつもとは違った角度で相手と接してみましょう。相手の言い分に耳を傾ける、いい面だけを探してみる…。アプローチを変えることで、新しい関係が生まれるかもしれません。

132

ひとりでいることと孤独とはまったく違う。

エレン・バースティン（アメリカの女優）

日々の暮らしの中では、「ひとりになりたい」と思うことがあるでしょう。人に合わせるのに疲れたとき、誰にも気を遣わずにのんびりと過ごせる時間はとても大切です。

一方で、大勢の仲間に囲まれているのに、どうしようもなく「孤独」だと感じることがあります。親しい友人や家族がいても、誰も自分を理解してくれないと感じるときは、激しい疎外感が襲ってきます。

ひとりでいることと孤独は大きく違います。それをわかったうえで、ひとりの時間を過ごす練習を今からしておきましょう。

どちらも、この先に幾度となく訪れるはずですから。

133

相手が自分を
わかってくれないことを嘆くより、
自分が相手をわかっていないことを
気にしなさい。

孔子
（中国の思想家）

若いころは「誰も自分をわかってくれない」と世を拗《す》ねがちです。ところで、あなたは周囲の人のことをどれだけわかっているのでしょうか？

「他人のことなどわからない」という答えなら、もちろん大正解です。人間は他人を真に理解できる生き物ではありませんから。だからこそ自ら進んで歩み寄り、どうにかこうにか相手の心を知ろうとするのです。

自分を理解せよというなら、まずはあなたが誰かを理解しようと努力してください。その姿を見せあうことで、信頼関係とはつくられていくのです。

134

どうしても悪口を言いたくなる人がいるとしたら、逆に、なぜそれほど関心を持つのか、自問したほうがよい。

茂木健一郎（脳科学者）

悪口を言いたくなる相手がいたら、それは意識している証拠です。冷静に考えてみると、意外と自分と似ていて同族嫌悪…なんてことはありませんか。であれば、相手の欠点は自分の欠点ともいえます。そこを受け止めると、嫌いから好きに大逆転する可能性もあります。

135

弱い者ほど相手を許すことができない。許すという気持ちは強さの証なのだ。

マハトマ・ガンジー（インドの政治指導者）

136

短所も裏側からのぞけば長所となる。

佐久間象山（思想家）

137

すばらしい人間はいない。
あるのは人間のすばらしさである。

出典不詳

138

人のふり見てわがふり直せ。

日本のことわざ

139

心の垣根をつくるのは、相手ではなく自分である。

アリストテレス（古代ギリシャの哲学者）

この人との間には壁がある——。そう感じることはありませんか。でも、その壁をせっせと高くしているのはほかならぬあなた自身かもしれません。根拠のない苦手意識はトラブルのもとです。まずはざっくばらんに話して、仮に合わない相手であっても、それを認識することで心の垣根は取り払われるはずです。

140

もし本当の友だちだったら、
話さなくてもわかってくれるはずだ、
などという考えは捨てることだ。

ローズマリー・ストーンズ（イギリスの編集者）『自分をまもる本』

以心伝心といいますが、残念ながらこのようなファンタジーなできごとは日常ではめったに起こりません。「話さなくてもわかってくれると思ったのに…」という不満は、ひとりよがりの期待にすぎませんから。

人間は気持ちを伝える手段として言葉を得ました。これは裏を返せば、言葉を使わなければうまく自分の意思を伝えられない生き物だということです。

だからこそ、どんな小さなことでも話し、お互いに気持ちを伝えれば、わかり合える仲になれるのです。

ただし、何もかも知りたいという思い上がりは相手を追い詰めます。その適切な距離感だけはお忘れなく。

141

ひとりの英雄が頑張るだけではダメなんだ。
ぼくらの誰もが英雄にならなくては……。

ジョン・レノン（イギリスのミュージシャン）

今は亡きジョン・レノンは、ベトナム戦争の最中に名曲『イマジン』などを発表し、歌を通して反戦を訴えました。ジョンの歌は反戦運動を盛り上げるきっかけのひとつとなり、戦争終結に一役買う形となったのは誰もが認めるところです。

ひとりでは動かせない岩も、一人ひとりが勇気を出して立ち上がり、力を合わせればゴロゴロと動いていきます。

それがしだいに大きくなり、やがては山を動かすほどの巨大な力にもなるのです。

「誰かがやるだろう」と傍観者になっていませんか？どうせ自分の力なんて小さいからと諦めず、自分も声を上げるひとりになってみることです。

142

親切はどんなにささやかなものでも
決して無駄にはならない。

アイソーポス（古代ギリシャの寓話作家）

143

まことの友を捨てるのは
一番大切な自分の命を捨てるのと代わらない。

ソフォクレス（古代ギリシャの悲劇作家）『オイディプス王』

144

「お早よう」「こんにちは」「おおきに」が言えないような人間関係は、そもそも人間関係ではない。

山本夏彦（随筆家）

「実るほど頭を垂れる稲穂かな」ではないですが、偉い人ほど周囲への丁寧な挨拶を欠かさないものです。とりわけ素直に感謝が伝えられるかどうかは、信頼関係を築くための重要なファクターです。どんなに気心知れた相手にも、「ありがとう」をおろそかにしてはいけません。

145

ナニ、誰を味方にしよう
などというから間違うのだ
みんな、敵がいい
敵がないと、事が出来ぬ。

勝海舟（政治家）

江戸城無血開城のために活躍した勝海舟は、「敵は多ければ多いほどおもしろい」との言葉を残して、幕末の難局に立ち向かっていきました。

物事を進めるときには必ず批判する人がいます。だったらその批判を、闘志を燃やすガソリンにしてしまいましょう。

きっと窮地を乗り越えられます。

146

日照りになると泉の良さがわかる、不幸になると、友だちの良さがわかる。

モンゴルのことわざ

一生つき合える友とはどういう人か知っていますか。「まさかの時の友は真の友」という言葉があるように、困ったとき、つらいときに手を差し伸べてくれる人です。その逆もまたしかり。もしも友だちがピンチに陥っていたら「大丈夫？」とひと声かけて。その温かさが大切な人を救います。

147

見えないところで友人のことを良く言っている人こそ信頼できる。

トーマス・フラー（イギリスの神学者）

148

違いを認め合い、受け入れられる広い心をもつことが大切。

新渡戸稲造（教育者・思想家）

149

遠方に友を持つと世の中が広く感ぜられる。友は経度となり緯度となる。

ヘンリー・デイヴィッド・ソロー（アメリカの思想家）

現代では、SNSを通して海外に友達を持つことも容易になりました。広い世界にはさまざまな文化や価値観があります。ときには自分の人生を変えるような情報がもたらされることもあります。できれば、友を訪ねて旅に出てください。きっと新しい世界と新しい自分に出会えます。

150

智に働けば角が立つ。情に棹させば流される。意地を通せば窮屈だ。とかくに人の世は住みにくい。

夏目漱石（小説家）『草枕』

明治の文豪が言い当てた人間関係の煩わしさは平成の今も変わりません。物事は理屈だけでは穏やかに進まず、感情に任せればとんでもない方向に流れ、無理に主張を通せば居心地が悪い。複雑な人間関係をどう泳いでいくか。古今東西、日々誰もがもがいているのです。

151

「心の窓」はいつでもできるだけ数をたくさんに、そうしてできるだけ広く開けておきたいものだ。

寺田寅彦（物理学者）『破片』

夏目漱石の弟子である寺田は「窓のない部屋はどんなに美しくても死刑囚の独房のような気がする」とも言っています。たとえあばら家でも窓が開いていれば風通しがよく、心地いいもの。表面的な信頼関係を装うよりも、心をオープンにして触れ合える間柄になれるのが理想的です。

152

共に喜ぶのは二倍の喜び、共に苦しむのは半分の苦しみ。

ドイツのことわざ

受験、就職、恋愛…。人生にはその時々で嬉しいこと、悲しいことが起こります。そんなとき、改めて感謝するのが喜怒哀楽をお互いに分かち合い、支え合い、共有できる友達や家族の存在でしょう。共に生きていく相手がいるということは、何ものにも代えがたい宝なのです。

153

人が踊る時は一緒に踊れ。

ドイツのことわざ

必ずしも集団に合わせる必要はありませんが、学園祭などで皆が盛り上がっているときは、シラけていないでその輪に果敢に加わってしまいましょう。踊る阿呆に見る阿呆、同じ阿呆なら踊らにゃ損損。徳島県の阿波踊りではありませんが、こういうときは妙な一体感が出てじつに気持ちがいいものです。

154

真の友情は、うしろから見ても前から見ても同じものだ。前から見ればばら、うしろから見ればとげ、というものではない。

フリードリヒ・リュッケルト（ドイツの詩人）

あなたの前ではやさしい顔をするけれど、あなたのいないところでは悪口を言う。こんな人は真の友ではないと断言できます。本当の友情とは裏も表もないもの。仮に苦言を与えたいなら、本人に面と向かって言うのが筋というものです。くれぐれも見せかけの友情にはご注意を。

155

呉越同舟

『孫子』

呉と越は、春秋時代の中国で宿敵同士だった国です。けれど、同じ舟の上で災難に遭えば、仲が悪くてもお互いに助け合うだろうと『孫子』には記されています。とんでもない困難に直面したら、敵だの味方だの言ってる場合ではありません。そういうときのプライドは邪魔なだけです。

156

自由が欲しい時は他人に頼んじゃいけないんだよ、君が自由だと思えばもう君は自由なんだ。

リチャード・バック（アメリカの作家）『イリュージョン』

「心は自由であるべき」です。先生だろうが友人だろうが、他人の心を縛る権利はありません。そしてまた、相手に「自由にして」と懇願する必要もないのです。

157

私は人の考えを最もよく知りたいときは、その人の行動を見ることにした。

ジョン・ロック（イギリスの哲学者）

口ではいいことを言っていてもいまいち信用できない。そんな人がいたら相手の行動を静かに観察しましょう。行動にはその人の思考が必ず表れます。クラス替えなどで周囲が知らない人ばかりのときもこの方法は有効です。共感できることがあるかどうか、じっくり見極めてください。

158

友人は、すべてを知りながらも愛してくれる人間である。

エルバート・ハバート（アメリカの作家）『ガルシアへの手紙』

159

人の数だけ意見がある。

テレンティウス（ローマの詩人）『フォルミオ』

160

たとえば、その友達の言うことや行動を理解できないとする。するとＡは、その友達に〝愚か者〟というレッテルを貼ってしまう。レッテルを貼ることこそが愚かであるのに。

カール・グスタフ・ユング（スイスの心理学者）

先輩キャラ、草食キャラなど、人には意図しないところでイメージがつく場合があります。

たとえば誰かを「イジられキャラ」と認定すると、そこに悪意がなくても周囲は面白半分にレッテルを貼り続けます。

それによって大事なことを見落とす可能性があることを忘れないでください。

161

友人の失敗には目をつぶれ、だが悪口には目をつぶるな。

マルクス・アウレリウス（ローマ皇帝・五賢帝の一人）『自省録』

仲間のミスは、笑ったり責めたりせずに、見て見ぬふりをしたほうがよいこともあります。ロボットじゃあるまいし、同じミスを自分がしないとも限りません。では、仲間の悪口はどうでしょう。これは目をそらしてはいけません。悪意のあるものは訂正するのが真の友情です。

162

敵を持たないということは、最大の悪運である。

サイラス（アケメネス朝ペルシャの王）

アニメや映画であれば、さしずめ〝宿命のライバル〟などという言葉で描かれるところですが、あなたにも部活や勉強でそれに近い相手がいたりしませんか。もし、いるならその関係性は大事にしましょう。刺激をもたらし、自分を高めてくれるはずです。そんな〝敵〟がいることは幸運なのです。

163

遠くにいると恐怖を感じるが、近くに迫ると、それほどでもない。

ジャン・ド・ラ・フォンテーヌ（フランスの詩人）

人間は視覚から得る情報量が圧倒的に多いといわれています。コワモテの人にどこか近寄りがたいのもそのためです。でも、思い切って話しかけると意外ととっつきやすい。こういうケースもまたよくある話です。どんな人も近づけば素顔が見えてくる。まずはその人との距離を縮めることです。

164

心に奢ある時は人をあなどる。奢なき時は人を敬う。

手島堵庵（江戸時代の心学者）

「私はできる！」と自信を持つことはいいことですが、それが度を超すと「過信」につながります。そういうときは自然と上から目線になりやすいもの。周囲の立場になれば、見下されて愉快なわけがありません。自信の度合いに限らず、友を見る目はフラットに。それが人間関係を円滑にするキモです。

165

正しい知恵をもった者は、
敵が多くても傷つかない。

サキャ・パンディタ（チベットの高僧）

166

もし悪口を言うなら、
自分に返ってくることを予期せよ。

プラウタス（ローマの詩人・喜劇作家）

167

嫌われもしないのに絶望しないで下さい。（人はあなたのことを）好きでも嫌いでもないのです。

ミゲル・デ・セルバンテス（スペインの作家）『ドン・キホーテ』

「愛の反対は憎しみではなく無関心」と言ったのは、聖人のマザー・テレサです。たしかに、どうでもいい人のことなんて目に入らないのがふつうですよね。「嫌い」という感情を抱くにはそれなりにエネルギーがいります。「なんかムカつく」とイラつく相手は、関心がある相手だという証拠です。

168

人格は木のようなものであり、他人によるうわさはその影である。影は想像上のものであって、木こそが真実なのである。

エイブラハム・リンカン（第16代アメリカ合衆国大統領）

すぐに広がるのが噂話ですが、めぐりめぐってきたその話を鵜呑みにするのは危険です。伝言ゲームのように途中で話が変わっているかもしれません。何が真実かは当の本人とコミュニケーションをとればわかること。実態なきものに振り回されることほどマヌケなものはありません。75日経てば、そんな噂話など忘れ去られています。

169

約束は必ず守りたい。人間が約束を守らなくなると社会生活はできなくなるからだ。

菊池寛（文藝春秋社創業者）

170

よき友人を得る唯一の方法は、まず自分がよき友人になることである。

ラルフ・ワルド・エマーソン（アメリカの思想家）

171

行く言葉が美しければ、
来る言葉も美しい。

韓国のことわざ

172

人に金を貸せば、敵を買ったことになる

ユダヤ人の金言

173

一《いち》期《ご》一《いち》会《え》

日本のことわざ

もともとは茶道の言葉で、今日の茶会を生涯に一度だけの機会と考え、誠心誠意尽くそうということです。転じて今は、「一生に一度かもしれない出会いも大切にしよう」という意味で使われています。今、机を並べている学友も一期一会の仲間です。そう思えば、一人ひとりが貴重な存在に感じませんか。

174

人の欠点を指摘しても得るところはない。私は常に人の長所を認めて利益を得た。

ヨハン・ヴォルフガング・フォン・ゲーテ（ドイツの文豪）

人間とは自分のことを棚に上げて、とかく相手の悪いところにばかり目がいくものです。

けれど、その欠点を声高に指摘したとしても、そう簡単に直らないのが性格というもの。ましてや相手に自覚がなければ、ケンカの火種になることもあります。

であればいっそのこと、欠点には目をつぶり、まったく別の長所をリストアップしましょう。

自分も含めて完全な人間なんてどこにもいません。悪いところもいいところも丸ごと相手を受け入れる。そうすることが、いい人間関係を長続きさせるコツなのです。

ただし、「長所などない！　欠点のほうが目について しかたがない」ということであれば、残念ながら仲良くなるのはあきらめたほうがお互いのためです。

175

真の友は最大の財産であり、また、最も得難い財産である

フランソワ・ド・ラ・ロシュフーコー（フランスの文学者）

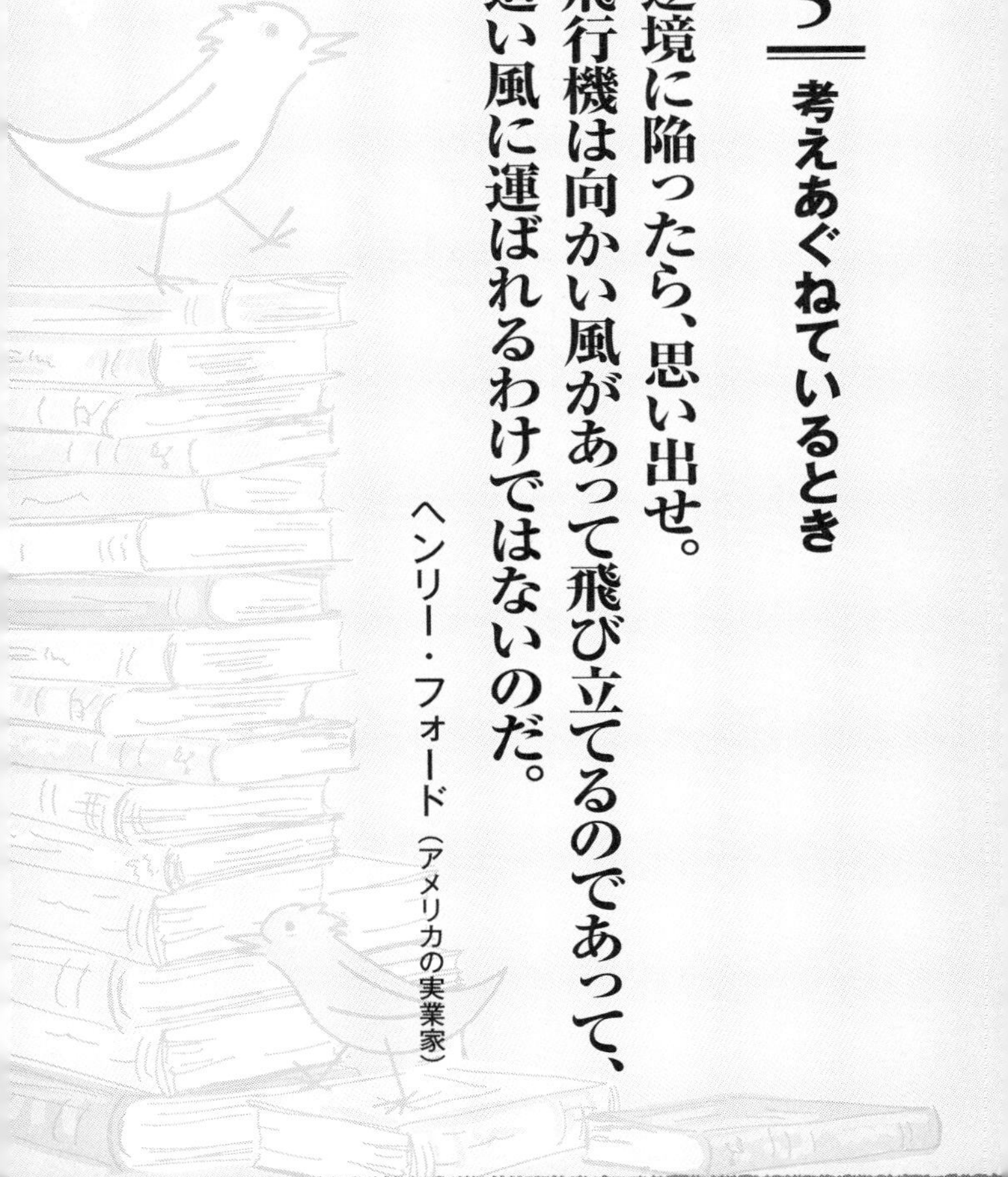

5

考えあぐねているとき

逆境に陥ったら、思い出せ。
飛行機は向かい風があって飛び立てるのであって、
追い風に運ばれるわけではないのだ。

ヘンリー・フォード（アメリカの実業家）

176

空を見上げて。
下を向いていたら、
虹を見つけることはできないよ。

チャールズ・チャップリン（イギリスの喜劇王）

テーブルの上に置いてある自分の手をじっと眺めていたり、歩きながら自分の靴のつま先を目で追っていたり……。

悩んでいるときというのは、どうしても自然と下を向いてしまいます。自分の中に湧き起こるさまざまな思いと戦っているのでしょう。

ただ、この内なる戦いはけっして悪いことではありません。とことん自分と葛藤してみることで、今までにないものが見えてくることもあります。

でも、ずっと下を向いて考えてばかりいると、目の前にチャンスが表われても気づくことができません。もし、それが今悩んでいることの解決の糸口になるものだったとしたら、もったいないと思いませんか。

177

あなたが虚しく過ごしたきょうという日は、きのう死んでいったものがあれほど生きたいと願ったあした。

チョ・チャンイン（韓国の作家）『カシコギ』

誰にとっても一日は24時間。その日一日が充実していようと、どんなにむなしく無意味なものであっても、24時間は平等に過ぎていくのです。そして、一日のその積み重ねがあなたの人生そのものになる。さあ、前を向いて行動を起こしましょう！

178

小さな疑問からは、小さな答えしか得られない。

ジェームズ・D・ワトソン（アメリカの分子生物学者）

悩みも同じです。悩みというのは、自分の目の前に立ちはだかっている壁です。低い壁だと少しがんばれば乗り越えられますが、大きくて高い壁はそう簡単には突破できません。でも、それを克服したとき、間違いなく人間的に大きく成長できる。大きな答えを得ることができるのです。

179

みんなの考えが同じということは、だれもよく考えていないということだ。

ウォルター・リップマン（アメリカのジャーナリスト）

自分とは違う考え方をする人に対して、「あの人、ヘンだよね」と言いふらしていませんか？

ネットやテレビで有名人が言っていたからそれが正しい、なんて思っていませんか？

自分の考えだと思っていることが、じつは自分でも気づかないうちに人から刷り込まれていただけということはよくあります。

自分が当たり前だと思っていることが、本当に正しいのかどうか。その答えは自分自身でじっくり考えることでしか出てこないのです。

180

何事も小さな仕事に分けてしまえば、特に難しいことなどない。

レイ・クロック（マクドナルド創業者）

抱え込んでいる課題があまりにも大きすぎると、もうダメだ…と投げ出したい気持ちになってしまいます。でも、その大きな課題をよく見てみると、どこかにナイフを入れられる部分があるはず。そこを切り離していくつかのブロックに分けて小さくしてから、ひとつずつ取り組んでいけばいいのです。

181

青がないときは、赤を使えばいい。

パブロ・ピカソ（スペインの画家・彫刻家）

風景の絵を描こうとしたけれど、青い絵の具が切れているから空が描けない――。だったらもう一度、夕方に同じ場所に出かけてみるといいでしょう。本当に青い絵の具は必要ですか？　赤い絵の具、グレーの絵の具でも空は描けるはずです。

182

いまは「ないもの」について
考えるときではない。
「いまあるもの」で、
何ができるか考えるときである。

アーネスト・ヘミングウェイ（アメリカの作家）

人はお金を持っていると、とくに大人になればなるほど何でも簡単にお金で解決しようとします。

たとえばファッションひとつをとっても、お金があり余っている人なら、自分で考えずに、頭のてっぺんから足のつま先までスタイリストが選んでくれた最新の洋服を買って身に着けることができます。

でも「お金持ち＝センスがいい」とは限りません。センスは自分の内面から湧き出る発想や工夫で磨かれていくもの。限られたアイテムの中で試行錯誤しながら、感性は研ぎ澄まされていくのです。

そして、そんな創意工夫の精神は、これから先の長い人生を本当に豊かにしてくれます。

183

自分自身に対して100パーセント率直になって、欠点から目をそらさずに正面から向かい合い、欠点以外のものに磨きをかけるのです。

オードリー・ヘップバーン（アメリカの女優）

自分の欠点を直視できるようになると、心がすうっと軽くなります。人にあれこれ言われていちいち怒ったり、悲しんだりすることもなくなります。自虐的になる必要はありませんが、そういう自分もひっくるめて愛してみましょう。

184

「変われない」のではない。
「変わらない」という決断を自分でしているだけだ。

アルフレッド・アドラー（オーストリアの精神科医・心理学者）

185

努力をする限り、
人間は迷うものだ。

ヨハン・ヴォルフガング・フォン・ゲーテ（ドイツの文豪）『ファウスト』

186

人の心はパラシュートのようなものだ。
開かなければ使えない。

ジョン・オズボーン（イギリスの劇作家）

人には言えないつらい経験をしたことがトラウマになって、どうしても友だちや家族に心を開けないときには、オズボーンのこの言葉を思い出してください。

飛行機から飛び出して、パラシュートを背負ったまま急降下していくのは恐怖でしかありません。両眼もギュッと閉じられたままになってしまうでしょう。

でも、パラシュートを開くことで落ちていくスピードはゆっくりになり、地上を眺めることもできるようになります。きっと、大空を浮遊することがこんなに気持ちがいいことなのかと感じるはずです。

同じように、心も開いてこそ使い物になるし、あなたを助けるアイテムになる。ずっと閉じて背負ったままだと、宝の持ち腐れになってしまいますよ。

187

私はね、起こることはすべて、必要があって起こるんだ、と思うんですよ。

山下泰裕（柔道家）

偉業を達成した人ほど、他人からすれば偶然に起こったように見えるできごとにも必然性を感じているものです。

たとえば、あのとき、あの出会いがなかったら、あの苦労がなかったら今の自分はなかった、と。

柔道家の山下泰裕氏といえば、ロサンゼルスオリンピックで軸足である右足が肉離れを起こした状態で決勝戦にのぞみ、みごと一本勝ちで金メダルに輝いたまさに国民的ヒーロー。

やはりその思いは同じでした。

188

なせ　ことを　欲する　汝の

ミヒャエル・エンデ（ドイツの児童文学作家）『はてしない物語』

人の視線や反対意見を気にしすぎて、本当に自分がやりたいと思っていることを封印していませんか？　封印したまま、これから何十年も過ごしていくつもりですか？よく考えてみてください。あなたの人生はいったい誰の人生なのでしょう。

189

楽しいから笑うのではない。笑うから楽しいのだ。

ウィリアム・ジェームズ（アメリカの哲学者）

「プラグマティズム」という哲学を創始したアメリカの哲学者の言葉です。実際、「笑うから楽しい」という姿勢で物事に取り組むと、滞っていた水の流れが再び流れはじめるように感じるから不思議です。

190

だから何よりも重要な要素は心構えである。
それが成功と失敗との分かれ目になるのだ。
「これはできる」という心構えでいれば、
どのような分野であろうとも
何よりの原動力となるのである。

アール・ナイチンゲール（アメリカの実業家）

「人間開発の神様」といわれたアメリカのナイチンゲール博士の言葉です。

博士の代表的な著書のタイトルは、『人間は自分が考えているような人間になる』。

失敗を恐れていたら失敗する人間になるし、「これはできる」と自分を信じていたら成功する人間になるのです。

191

心を楽にする秘訣は弱みをさらけ出すことである。

空海（真言宗の開祖）

自分の弱みはさらっと笑いにして、友だちの前にさらけ出してしまうに限ります。弱点を隠そうとすると、どうしても内向きになってしまい、自然体で人とつき合えなくなってしまいます。みんなで笑い飛ばして、重い鎧を脱ぎ捨ててしまいましょう。

192

自分が行動したことすべては取るに足らないことかもしれない。しかし、行動したというそのことが重要なのである。

マハトマ・ガンジー（インドの政治指導者）

もっとこんな世の中になればいいのに…と思いながらも、でも自分一人くらい行動したからといってどうせ何も変わらないと諦めていませんか？　水面に小石を落とすと、そこを中心に波紋が広がっていくように、何かのきっかけがあれば大きなうねりが生まれるのです。

193

自分のことしか頭になく、不幸の原因をくどくどと考えつづけているかぎり、その人はいつまでも悪循環から脱出することはできない。脱出したいと思うなら、何事かに真剣な関心を寄せるしかない。

バートランド・ラッセル（イギリスの哲学者）『幸福論』

毎日の学校生活でも、友だちと遊びに行ったりしても多少の人間関係のトラブルはつきものです。

でも何が起きても「自分は悪くない」とかたくなに考えていると、現状はよくなるどころか悪化の一途をたどることにもなりかねません。

自分の身に起きたことは自分にも原因があるんだと受け入れて、正面切って堂々と向き合うこと。その覚悟があなたを強くします。

194

森の中は一見無秩序に見えるが、そこでは長年かけてできたバランスが保たれている。

カール・グスタフ・ユング（スイスの心理学者）『ユング心理学』

本当は単純なことなのに複雑に考え過ぎて疲れてしまったら、森の中の生態系を思い出してみるといいかもしれません。木や草が生い茂る森にはさまざまな生き物が共存していて、枯れた木の葉も土に還って森の生き物たちの栄養になります。こんなふうに秩序あるものを想像すると、絡まった糸がほぐれるように気持ちが楽になりますよ。

195

逆境に陥ったら、思い出せ。
飛行機は向かい風があって飛び立てるのであって、
追い風に運ばれるわけではないのだ。

ヘンリー・フォード（アメリカの実業家）

196

急がば回れ

日本のことわざ

197

無知の知

ソクラテス（古代ギリシャの哲学者）

知ったかぶりをして、その場を切り抜けるテクニックを身につけてしまうと、中身がカラッポのままで成長してしまいます。中身のある人間になりたいと思ったら、まずは自分が無知であることを知ること。そうすれば、何事にも貪欲になって、知らないことは知らないと言えるほうがいいと思うようになります。

198

不遇はナイフのようなものだ。刃をつかめば手を切るが、柄をつかめば役に立つ。

ハーマン・メルヴィル（アメリカの作家）

才能さえあれば学校や社会から認められるわけではありません。すごい運動神経を持っているのに環境に恵まれず、ほとんど表舞台に立つことなく終わってしまう人もいます。でも、そんな恵まれない状況のときにこそ、人として大切な大きな心をはぐくむことができるのです。モノは使いよう、考えようです。

199

現在正しいと考えられていることでも、
数年後には間違っていることが
証明されることもあるでしょう。
逆に現在間違っていると
考えられていることでも、後世には
正しいと証明されることもあるのだ。

ライト兄弟（アメリカの飛行機の発明者）

間違っていると世の中から非難されながら、のちに正しかったと証明されたできごとといって思い浮かぶのは、ガリレオ・ガリレイが唱えた「地動説」でしょう。

たとえ周囲からの反発にあっても、自分が正しいと思ったことは主張しつづける勇気を持ちましょう。

200

人間は自然のうちでもっともひ弱い一本の葦にすぎない。しかしそれは考える葦である。

ブレーズ・パスカル（フランスの数学者、物理学者、哲学者、思想家）

葦というのは川べりに群生するススキに似た植物です。強風に煽《あお》られると簡単に曲がってしまいますが、風がやむとちゃんと元に戻ります。その姿から、パスカルは自然の脅威に対して無力でありながらも柔軟に生きる人間を葦になぞらえたのだといいます。どんなに厳しい状況にあっても、人は人智で乗り越えることができるのです。

201

扉が閉じたらもうひとつの扉が開く。だが、閉じられた扉を悔しそうにじっと見つめていては別の扉が開いたことに気づかない。

アレクサンダー・グラハム・ベル（アメリカの科学者）

時間はどんどん過ぎて流れていっているのに、かつての栄光がいつまでも忘れられなかったり、過去の失敗をいつまでも引きずっていると、自分だけそこに立ち止まったまま時代遅れな存在になってしまいます。前を向いて、開かれたドアの向こうに行ってみませんか。

202

君子危うきに近寄らず

日本のことわざ

「君子」とは、教養があって人格にも優れていて徳がある人のことです。こういう人は行動を慎むので、危うい人物や場所には近づかないという意味です。

まだ学生のうちは、怖いもの見たさも手伝って、危険な香りがするところに首を突っ込んでみたくなる衝動にかられることもあります。

でも、興味本位で足を突っ込んだが最後、猛スピードで坂道を転げ落ち、もう同じ場所には戻ってこられないことも珍しくありません。

ここで一線を越えたらどうなるのか…。想像力は常にONにしておくことです。

203

すべてを得んとするものは、
すべてを失うものである。

山名宗全（室町時代の武将）

204

過ぎ去ったことを悔やむのはやめましょう。
もうページはめくられてしまった

アンドレ・ジッド（フランスの小説家）『狭き門』

為せば成る為さねば成らぬ何事も成らぬは人の為さぬなりけり。

上杉鷹山（米沢藩藩主）

ゴロンと寝転んでスマホをいじりながら「今度の試合に勝ちたいな」とか「あの高校に合格したいな」なんて思っていても、絶対にかなわないことはきっとわかっているでしょう。望みをかなえるためには、自分がやるしかないのです。やれば結果はついてくる！

206

自分の外側を見ている人は、夢を見ているだけ。自分の内側を見るとき、人は初めて目覚める。

カール・グスタフ・ユング（スイスの心理学者）

人間は2、3歳の頃と思春期に、外部の世界や他人と自分とを区別する「自我の目覚め」が起こるといわれますが、この時期はどうしたって自分の周りにいる人と自分を比べてしまいがちです。他人と比較ばかりして自分が見えなくなってしまったら、自分の心の声にしたがって素直に行動してみることです。

207

誰もが世界を変えようと思うが、
自分を変えようとは誰も思わない。

レフ・トルストイ（ロシアの小説家）

208

成し遂げようと決めた志を、
たった一度の敗北によって捨ててはいけない。

ウィリアム・シェイクスピア（イギリスの劇作家）

6

人生で大切なこと

人の価値とは、その人が得たものではなく、その人が与えたもので測られる。

アルベルト・アインシュタイン（理論物理学者）

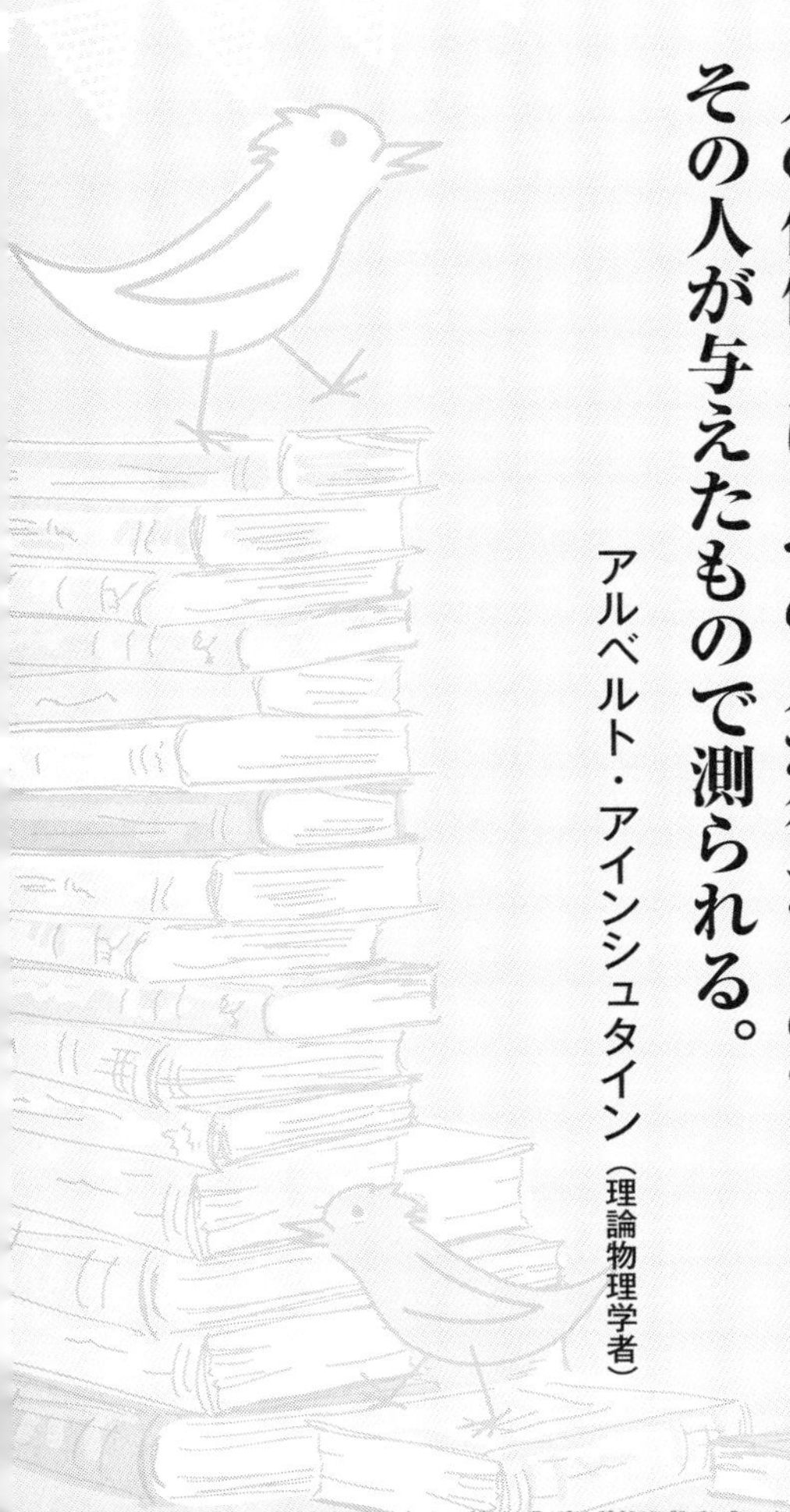

209

キライなことをやれといわれて
やれる能力は、後でかならず生きてきます。

イチロー（プロ野球選手）

毎日コツコツと勉強すること、寒い朝に早起きすること、そして自分の部屋を整理整頓しておくこと…。面倒なことやキライなことは、誰しも避けて通りたいと思うものです。

でも、なかにはメジャーリーガーのイチロー選手のように、キライなことでもやれる人がいます。この「できる」と「できない」の差は、自分の気持ちをいかにコントロールできるかにあります。

嫌だから、気が向かないからやらない。これでは、自分の欲望に打ち勝つための克己心《こっきしん》は育まれません。

キライなことほど、やり遂げたときには得も言われぬ達成感と解放感を味わうことができます。その感覚を一日も早く経験してみましょう。

210

人生でかんじんなのは、どれだけ強いパンチが打てるかではなく、どれだけパンチを受けられるかだ。

シルヴェスター・スタローン（アメリカの俳優）

人生におけるパンチとは試練のこと。その試練に立ち向かい、打ちのめされながらも起き上がる。これを何度も繰り返すことで、ちょっとしたことには動じない屈強な精神を手に入れることができるのです。逃げてばかりでは何も成すことができません。

211

皆さんはこれからの人生において
必ず失敗することがあるはずだ。
成功することもあるだろうが、
成功よりも失敗が多いにちがいない。
しかし失敗に落胆してはいけない。
失敗に打ち勝つことが大切なことなのだ。

大隈重信（政治家）

212

ネアカ。ネアカこそは
神が人間に与えたもうた最高の武器である。
ほんとうにそう思う。人間、何十年の
人生の中で何度かくるよ、ピンチが。
でかいの、中ぐらいの、ちっちゃいの。
土壇場、崖っぷちで乗り切るのは
ネアカだと思うのね。

財津一郎（俳優）

自分がネアカかどうかを知るには、つらい状況をどういう気持ちで乗り越えるかでわかります。

たとえば、凍えるような真冬の体育の授業。体を縮めてガタガタと震えながらただ時間が過ぎるのを待つのか、それともじっとしていても寒いだけだから思いっきり動いて声を出して体の中から温めようと考えるか。

ちなみに後者なら、気持ちの切り替え方ひとつでどんな状況も変えることができる、ネアカの人である可能性大です。

経営不振に陥っていたアサヒビールの売り上げを日本一にした元社長の樋口廣太郎氏もこう言っています。

「大きい声を出して、いつも元気にニコニコしていれば、たいていのことはうまくいく」

213

何をやるのかを決めるのは簡単。何をやらないのかを決めるのが大事。

マイケル・デル（デル創業者）

「クオリティ　オブ　ライフ」という言葉を知っていますか？　これは自分らしく生き、人生にどれだけ幸福を見出しているかで生活の質をはかる概念です。何をやらないかを決めることは、人生の質を高めるうえで大切なこと。その取捨選択がその人の人生そのものになるのです。

214

あせるな、くさるな、めげるな。

岡本綾子（プロゴルファー）

あせるとたいていのことは失敗します。失敗すると「どうせ自分なんか」とくさった気持ちになります。そして、そんな気持ちを引きずったまま失敗が続くと、やがてめげてしまいます。――そんな悪循環に陥らないためには、何事も落ち着いて行動することです。

215

人生はできることに集中することであり、
できないことを悔やむことではない。

スティーブン・ホーキング（イギリスの理論物理学者）

運動が苦手、数学が嫌い、歌がヘタ…、自分のダメな部分というのは他人と比べるといくらでも見えてきます。でも、できないことを悩み、いつまでも同じ場所にとどまっていられるほど人生は長くありません。

それよりも自分には何ができるのかを考え、その力が生かせる場所を探すことです。

21歳で筋萎縮性側索硬化症（ＡＬＳ）を発症しながらも、世界的な宇宙物理学者となった「車いすの物理学者」、スティーブン・ホーキングはこうも言っています。

「私は幸運だ。なぜなら脳は筋肉でできていないからだ」。

体の自由は奪われても、脳は自由に働かせることができる。さあ、あなたにできることは何ですか。

216

回り道が近道のことがある。
それが人生だ。

牧野昇（元三菱総合研究所会長）

自分の人生をグーグルマップのようなもので確認できれば、今歩いている道が近道なのか、まわり道なのか、それとも間違った道なのかがわかるかもしれません。

でも、何でもかんでも先回りして知ってしまうと、思いがけない幸運に出くわすサプライズがいつどこで待っているのかも事前にわかってしまいます。

そんなのってつまらないですよね。「先がわからない」ということは、不安もワクワクも半分ずつあるということ。想像力をたくましくして、いいイメージを思い描いていると自然といい方向に導かれます。

217

自分に欠けているものを嘆くのではなく、自分の手元にあるもので大いに楽しむ者こそ賢明である。

エピクテトス（古代ギリシャの哲学者）

218

小さなことで満足しない者は、大きなことにも満足しない。

エピクロス（古代ギリシャの哲学者）

219

ウソをつかない力、ウソをつかないで生きる力は、自分の中で鍛えて行くことのできるものだと思います。

大江健三郎（ノーベル文学賞受賞者・作家）『「新しい人」の方へ』

現実と向き合う勇気がないから、人はウソをつく。でも、ウソでその場をやり過ごしたとしても、ウソをついたという事実はいつまでも記憶に残り自分を苦しめ続けます。そんな自分と決別するには、潔く生きると固く決意すること。人は「決意」で自分を変えることができるのです。

220

生きているということは
誰かに借りをつくること。
生きてゆくということは
その借りを返してゆくこと。

永六輔（放送作家）『大往生』

馬の赤ちゃんは生まれてから30分もすると自分の足ですくっと立ち上がり、1時間くらいで歩き出します。

でも、人間の赤ちゃんは生まれてから数カ月は寝返りさえ打てず、立ち上がれるようになるのに半年、ようやく1歳になったころに一人で歩けるようになります。

私たちは生まれてからずっと、たくさんの人の手を借りて大きくなっていきます。

そうして大きくなったら、今度は自分が子供たちに手を差し伸べながら借りを返すときがくるのです。

こうして人と人は連綿とつながっているのですね。

221

心が変われば　行動が変わる
行動が変われば　習慣が変わる
習慣が変われば　人格が変わる
人格が変われば　運命が変わる
運命が変われば　人生が変わる

（出典不詳）

元メジャーリーガーの松井秀喜氏の座右の銘としても有名な言葉ですが、最初に誰が言ったのかははっきりとしていません。

でも、人生を変えるきっかけが「心」にあることは、きっと多くの人が体験的に気づいているはずです。

だからこそ、人はこの言葉に心惹かれるのでしょう。

222

真っすぐ前ばかり見とっても、何も見えてこんで。人生、大事なことは横っちょの方に転がってるもんや。

榊莫山（書家）

かつて焼酎のCMで人気を博した「バクザン先生」は、20代で書道界に認められた天才書家です。ところが、ご本人は集団を組むと堕落するからと書壇から退き、一人で自ら書の道を貫きました。一番になることだけをめざしていたら、大切なことを見落とします。

223

やったことは、たとえ失敗しても、二十年後には笑い話にできる。しかし、やらなかったことは、二十年後には後悔するだけだ。

マーク・トウェイン（アメリカの作家）

224

他人の歩いた道ばかりを歩かないほうがおもしろい。

アレクサンダー・グラハム・ベル（アメリカの科学者）

225

あなたが生まれたとき、
周りの人は笑ってあなたは泣いていた。
だから、あなたが死ぬときは、あなたが笑って、
周りの人が泣くような人生を生きなさい。

ネイティブアメリカンの言葉

226

社会に対してなにを望むかよりも、
自分が社会になにを奉仕できるかを考えるべきだ。

ジョン・F・ケネディ（第35代アメリカ合衆国大統領）

227

人間には与えられた役目がある。

根本陸夫（元プロ野球監督）

俊足なら1番バッター、肩が強くて遠投が得意なら野手など、野球では自分の特徴を生かせるポジションにつくことでチームに最大限の貢献ができます。自分の特徴は何なのか、そして自分に与えられた役目は何なのかを見つけられれば、これからの人生でもいいプレイヤーになれるはずです。

228

時間というものには、はじめがあった以上、おわりもある。だがおわりは、人間がもはや時間を必要としなくなったときに、はじめてやって来るのだ。

ミヒャエル・エンデ（ドイツの児童文学作家）『モモ』

人間には長生きをする人もいれば、若くして命を落とす人もいます。誰が何年生きるかなんて誰にもわかりません。でも一説によれば、人間の寿命は50歳までは遺伝的要因、それ以降はそれまでの生活習慣に左右されるとか。終わりの時間を遅らせることは可能なのです。

229

それ自体の不幸なんてない。
自ら不幸と思うから不幸になるのだ。

ミハイル・アルツィバーシェフ（ロシアの作家）『サーニン』

230

人は、運命を避けようとしてとった道で、
しばしば運命に出会う。

ジャン・ド・ラ・フォンテーヌ（フランスの詩人）

231

アイ・ラヴ・ユー　いつまでも
アイ・ラヴ・ユー　どんなときも
わたしが　いきている　かぎり
あなたは　ずっと　わたしのあかちゃん

ロバート・マンチ（カナダの作家）『ラヴ・ユー・フォーエバー』

両親でも、とくに母親というのは、子供がいくつになっても、どこかにこの詩と同じような気持ちを持ち続けているものです。

思春期真っただ中のあなたなら、「キモイ!!」と笑うかもしれません。

でも、あと数年もすれば、同級生の中にもこれと同じ気持ちを味わう人が出てくるのです。

人類が誕生したのは今から約400万年前。気の遠くなるくらいの昔から、ずっとつながってきた親のＤＮＡなのかもしれません。

232

人は誰かを心から愛したとき、すべてがうまくいくという希望をもちます。けれど、いつもうまくいくとは限らないのです。

オードリー・ヘップバーン（アメリカの女優）

映画『ローマの休日』や『ティファニーで朝食を』などで成功をおさめた彼女のこの言葉を聞いて、なんで人の幸せに水を差すようなことを言うのだろうと思った人もいるかもしれません。

でも、この世に絶対ということはありません。いい日もあれば悪い日もある。占いだって、毎日コロコロと変わります。いつもうまくいくほうがむしろ不自然なのです。

それがわかっていれば、うまくいかない時期があっても、しばらくすればまたうまく回り出すだろうと楽観できるようになります。

233

君の人生は教科書に全部書いてあんのかい?

荒川弘

(漫画家)『銀の匙 Silver Spoon』

小心者にとっては、少々耳の痛い言葉です。将来に不安を感じているとき、自分の人生がこれからどうなっていくのかが書いてある教科書があれば、どんなにいいだろうと思うことがあります。でも、実際にはどこを探してもそんなものはありません。突き進むしかないのです。

234

私たちが人生とは何かを知る前に人生はもう半分過ぎている。

ウィリアム・アーネスト・ヘンリー（イギリスの詩人）

このヘンリーの名言は、アラフォー世代なら身に染みるのではないでしょうか。だからこそ、人生についてはなるべく早いうちからよく考えて、行動したほうがいいという教えです。それが、長い月日を後悔せずに生き切るための道しるべになるからです。

235

もう終わりだと思うのも、さあ始まりだと思うのも、どちらも自分だ。

フェデリコ・フェリーニ（イタリアの映画監督）

思い切ってチャレンジしたのに大失敗！　さあ、あなたの頭にはどんな言葉がよぎったでしょうか。「ダメだ、もう終わりだ…」でしょうか、それとも「次は失敗しないぞ」でしょうか。どう感じ、どう行動するかで、その後のすべてが違ってきます。

236

あなたは自分の人生を生きるために生まれてきたのよ。

映画『サウンド・オブ・ミュージック』より

ミュージカル映画『サウンド・オブ・ミュージック』の中で、修道院の院長がヒロインの修道女マリアにかける言葉です。周囲から求められている自分を演じるばかりでは、人の人生を借りているだけ。本当の自分をさらけ出して生きてこそ人生の主役になれるのです。

237

けしきが　あかるくなってきた
母をつれて　てくてくあるきたくなった（後略）

八木重吉（詩人）『母をおもふ』

このあとには、「母はきっと　重吉よ重吉よといくどもはなしかけるだらう」と続きます。今日は空が高いねとか、川べりの桜のつぼみがようやく膨らんだねとか。家族とそんな何気ない会話をしてみると、ほんのりと生きている幸せを感じるものです。

238

雨垂れ石を穿つ

『漢書』

小さな行いでもずっと根気よく続けていれば、一滴一滴の雨垂れが石にも穴をあけるように、やがて大きな成果が表れるという意味です。どんなに困難なことでも、少しずつでも毎日続ければ、日にちの分だけ自分を変えることができるのです。勉強にもスポーツにも、そしてダイエットにも通じる教えです。

239

もともと地上に道はない。歩く人が多くなれば、それが道になるのだ。

魯迅（中国の小説家）『故郷』

できるだけリスクを負わずに生きていきたいと考える人は、まだ誰もやっていないことに挑戦するのを恐れます。一方で、リスクもひっくるめて人生だというチャレンジャーは、先陣を切って道なき道を行くものです。どちらを選ぶのも自分しだい。後悔だけはしたくありません。

240

人生は書物のようなものだ。愚かな人は雑な読み方しかしないが、賢い人たちは丹念な読み方をする。

ジャン・パウル（ドイツの小説家）『角笛と横笛』

「面倒だから手抜きでいいや」ですましてきたことが、今までいったいどれだけあるでしょう。でも、あとから「ああ、もう一度じっくりとやり直したい」と思っても過去には戻れません。だから、手抜きをしそうになったら「それで後悔しないのか」と自身に問うてみましょう。

241

かの時に言ひそびれたる
大切の言葉は今も
胸にのこれど

石川啄木（歌人）『一握の砂』

これは成就しなかった恋の歌ですが、勇気を振り絞れなくてみすみすチャンスを逃してしまったときの後悔の念にも通じます。やってしまったときの後悔は直後にやってきますが、やらなかったときの後悔は人生の最期にしみじみと訪れます。でも、そのときにはもうリカバリーする余力も時間もないのです。

242

どんな人間でも、大概一生に一度は
その人間に相応した花々しい時期というものがある

谷崎潤一郎（小説家）『青春物語』

243

できないというのは許される。
だが、しようともしないのは断じて許されない

ヘンリック・イプセン（ノルウェーの劇作家）『ブランド』

244

ただ一回の愚行は愚行ではない。愚行はそれがくりかえされるがゆえに愚行となる。

亀井勝一郎（文芸評論家）『人生論・幸福論』

「愚行」を「間違い」に置き換えて読んでみてください。間違えることはけっしてダメなことではありません。でも、同じ間違いを何度も繰り返すのは学習していないのと同じことです。やり方を変えたり工夫をしなくては、短い人生はあっという間に過ぎてしまいます。

245

ゆく河の流れは絶えずして、
しかも、もとの水にあらず。

鴨長明（歌人・随筆家）『方丈記』

246

人生で犯しがちな最大の誤りは、
誤りを犯さないかと絶えず恐れることだ。

エルバート・ハバード（アメリカの作家）『ガルシアへの手紙』

247

人間はいかに円くとも、
どこかに角がなければならぬもので、
余り円いとかえって転びやすいことになる

ローベルト・コッホ（ドイツの細菌学者）

248

寒さにふるえたものほど太陽のあたたかさを感じる。
人生の悩みをくぐったものほど、
命のとうとさを感じる。

ウォルト・ホイットマン（アメリカの詩人・ジャーナリスト）

249

背伸びして視野を広げているうち、背が伸びてしまうということもあり得る。それが人生のおもしろさである。

城山三郎（小説家）『アメリカ生きがいの旅』

子供や中高生が背伸びをしていると、大人はちょっと不安になって「まだ早い」などと注意することがあります。でも、本気で大人ぶっていればそのうちに中身も伴ってくるもの。中途半端にイキがっているよりも、ずっといいかもしれません。

250

多くの人は、運命に過度の要求をすることによって、自らの不満の種をつくっている。

アレクサンダー・フォン・フンボルト（ドイツの博物学者・探検家）

あれもこれも手に入れたいと渇望することは、プラスに働けば向上心になります。でも、これがマイナスに働くと、自分が欲しいものを手に入れられないのは他人のせいだと不満を募らせてしまいます。そして結局、自分で自分を苦しめることになってしまうのです。

251

人の一生は重荷を負うて遠き道を行くがごとし。

徳川家康（江戸幕府初代将軍）

江戸幕府を開いた徳川家康の遺訓です。「重荷を負う」などと聞くと、嫌だなと思うかもしれません。でも、忍耐がない人生なんてありえないし、あったとしても薄っぺらで何の充実感もないでしょう。つらいなと思ったら、勉強のつもりで家康の歩んだ人生をじっくりとひも解いてみてください。

252

義を見てせざるは勇なきなり。

孔子（中国の思想家）『論語』

正しい行いだとわかっていながら行動に移さないのは、本当の勇気がないからだという意味です。ひとりで動く勇気がないなら、周りの友達や大人たちも巻き込んでしまいましょう。正しいことをしたという確信を持つことで、その後の人生を堂々と歩むことができるのです。

253

たくさん持ちすぎていることは、足りないのと同じだ。

アラブの言い伝え

ゲームやスマホ、最新ファッションのアイテムなど、みんなが持っているものを自分も持っているかどうかが、幸と不幸のボーダーラインのように思っていませんか？でも、それって本当に幸せでしょうか。たしかに一時的には幸せかもしれません。でも、けっして「絶対的」な幸せではありません。

254

人生は物語のようなものだ。
重要なのはどんなに長いかということではなく、
どんなに良いかということだ。

ルキウス・アンナエウス・セネカ（ローマ帝国の政治家・哲学者）

255

人間は誰ひとりとしてつつがなく、
わざわいなき一生を送りえない。

アイスキュロス（古代アテナイの三大悲劇詩人のひとり）『供養する女たち』

256

美しい景色を探すな。景色の中に美しいものを見つけるんだ。

フィンセント・ファン・ゴッホ（オランダの画家）

夭逝《ようせい》の天才画家によるこの言葉は、何かを生み出すとき、頼れる〝足場〟は結局自分自身の中にしかないことを教えてくれます。

257

「ああ、野心をもつということはたのしいものだわ。
こんなにいろいろと野心があって、うれしいわ。
かぎりがないみたいだけど、そこがいいのよ。
ひとつの野心を実現したかと思うと、また、別のが、
もっと高いところにかがやいているんだもの。
人生が、とてもはりあいのあるものになるわ」

L・M・モンゴメリー（カナダの小説家）『赤毛のアン』

258

失敗することを恐れるよりも真剣でないことを恐れたほうがいい。

松下幸之助（パナソニック創業者）

失敗も成功も、行動したことのただの結果のひとつにすぎません。だから、失敗すれば成功するようにやり直せばいい。でも、真剣に取り組まなければ何度やっても失敗したままです。学生生活だって、何の成果も残せないままあっという間に時間切れになってしまいます。

259

人の価値とは、その人が得たものではなく、その人が与えたもので測られる。

アルベルト・アインシュタイン（理論物理学者）

260

人生とは、喜びと悲しみの反復、アクシデントの連続である

ポール・ヴァレリー（フランスの作家）『断章』

261

雨降らば雨もよし、風吹かば風もよし、それに適従し、それを楽しむ自分を常に作り上げる。

吉川英治（小説家）

誰だって苦手なことや気の進まないことがありますが、じつは単なる食わず嫌いで、やってみたら意外と楽しかったということもよくあることです。こういう経験をたくさん積み重ねている人は、柳のようにしなやかで、ちょっとやそっとじゃ折れたりしません。

262

春に百花あり
秋に月あり。
夏に涼風あり。
冬に雪あり。
すなわちこれ
人間の好時節。

松尾芭蕉（俳人）

263

人生は学校である。そこでは幸福よりも不幸の方がよい教師である。

フリーチェ（ロシアの評論家）

誰だって、不幸になるよりも幸福なほうがいいに決まっています。しかし、残念ながらいつも幸運に恵まれるとは限りません。だったら、不幸なときに学べることはすべて学び取ってしまいましょう。その気持ちがあるかないかで、その後の人生は大きく違ってくるのです。

264

一日一日を大切にしなさい。毎日のわずかな差が、人生にとって大きな差となって現れるのですから。

ルネ・デカルト（フランスの哲学者・自然学者・数学者）

265

人生の出発は、つねにあまい。まず試みよ。破局の次にも、春は来る。

太宰治（小説家）

266

一日生きることは、一歩進むことでありたい

湯川秀樹（ノーベル物理学賞受賞者、理論物理学者）

語尾が「ある」ではなく「ありたい」というところに、謙虚に前向きに生きたノーベル賞受賞者の人間性が表れているのではないでしょうか。昨日の自分より今日の自分、そして今日の自分より明日の自分が少しでもよくなることを意識して毎日を過ごしたいものです。

267

繰り返し行うことが人間の本質であり、美徳は行為に現れず、習慣に現れる。

アリストテレス（古代ギリシャの哲学者）

268

現実は常に公式からはみ出す。

ジャン・アンリ・ファーブル（フランスの生物学者）

7 飛躍を期すとき

チャンスは、準備ができている者のもとにやってくる。

ルイ・パスツール（フランスの科学者・細菌学者）

269

チームメートがあなたのために
何をしてくれるかではなくて、
あなたがチームメートのために
何ができるかである

マジック・ジョンソン（アメリカの元プロバスケットボール選手）

チームプレイを成功させるコツは、誰かが自分のために動いてくれるのを待つことではありません。自分がチームのために何ができるかです。

一人ひとりが、「チームのために」一丸となって行動することができれば、その力は何倍にもなるでしょう。そしていつしか、固い絆で結ばれた最高のチームへと成長します。

人生はチームプレイの連続です。好きな人と組むこともあれば、苦手な人と組むこともあります。

でも、相手が誰であるかは関係ないのです。マジック・ジョンソンの言うように、チームのためにできることを考えて実行することが自分を成長させるのです。

270

これまでの練習スタイルを変えない限り、頂点には立てない。

小塚崇彦（フィギュアスケート選手）

今までのやり方を思い切って変えるときというのは、必ずやってきます。「きたな！」と感じたらそれまでの固定観念を捨てて、新たな気持ちで自分と向き合ってみましょう。もう一度イチからスタートしたとしても、それは後退ではありません。なぜなら、今まで積み上げてきた力がすでに備わっているからです。

271

何かをつかむためには、何かを変えないといけない。

宮本恒靖（元プロサッカー選手）

居心地がよい場所があれば、どうしてもそこに留まりたくなるものです。でも、安全地帯を抜け出してこそつかめるものがあります。たとえば、環境を変えるだけで自分が変わっていくのが実感できます。ときには朱に交わって赤くなることもありますが、いずれにしても自分の何かが変わります。

272

一番の上達方法は、
実践でたくさん投げることです。
経験を積んで、考えながらやるのが
一番伸びるのです。

山本昌（元プロ野球選手）

現役生活32年を誇った元中日の山本昌投手は、公式戦581試合に登板し、5万球以上の球を投げてきました。

上達するのに近道はありません。真摯に努力を続けることこそがもっとも確実なやり方です。頭の中であれこれ考えるのではなく、とにかくやってみることです。

当然、はじめはたくさんの失敗を繰り返すでしょう。失敗したら、「なぜ失敗したのか」を真剣に考えてください。

試行錯誤することで、いつの間にか大きな力が備わっていくのです。

273

決断せよ。そして、
いったん決心したことは必ず実行に移せ。

ベンジャミン・フランクリン（アメリカの政治家・気象学者）

274

始まりはすべて小さい。

マルクス・トゥッリウス・キケロ（共和政ローマ期の政治家）

275

一歩踏み出せるなら、もう一歩も踏み出せる

トッド・スキナー（ロッククライミングの第一人者）

大変なのは、はじめの一歩を踏み出すことです。たいていの場合はこの一歩がなかなか踏み出せません。時間がないとか何だかんだと言い訳を探して回避してしまうのです。そんなことを考えずに、まず一歩、踏み出してみてください。歩いているうちに、立ち止まっていた自分の姿は彼方に見えなくなっているはずです。

276

大事なのは、
勝ちたいという気持ちではない。
それは誰でも持っている。
大事なのは、勝つための準備をすることだ。

ポール・ブライアント（全米大学フットボールコーチ）
『あなたの潜在能力を引き出す20の原則と54の名言』

たとえば、「サッカー選手になりたい」という夢を持つ子どもはたくさんいますが、その夢をかなえられるのはほんの一握りでしょう。

夢が実現できるかどうかを大きく左右するのは、持ち前の能力に加えて、そのためにどれだけの努力をしたのかということです。

プロアスリートになった人たちは、人の何倍ものトレーニングを積んでいます。まさに血のにじむような努力の結果、夢を実現させたのです。

ただ勝ちたいと思うだけでは、勝利をつかむことはできません。そのためにどれだけ準備できるかが重要なのです。「勝利」は単なる結果です。

277

勝つまでやる。だから勝つ。

安部修仁（元吉野家社長）

一度や二度負けたくらいで、あるいは結果が出ないからといってすぐにあきらめてはいませんか？　何度負けてもあきらめず、粘り強く、しつこく続けてください。疲れたら途中で休んでもＯＫ。とにもかくにも勝つまでやる。単純なことですが、それが勝利の方程式です。

278

強敵がいなくなれば、
こちらの力も弱くなる。

徳川家康（江戸幕府初代将軍）

279

誰かの真似をして英雄・偉人になった者なぞ
史上には一人もいない。

サミュエル・ジョンソン（イギリスの文学者）

280

あわてないあわてない ひとやすみひとやすみ

一休さん（テレビアニメ『一休さん』より）

学校が終わったら、部活に塾通い。週末は練習試合と、今の子どもは土日返上、まさに〝月月火水木金金〟状態です。ちょっと暇さえあればゲームにスマホ。これでは気が休まる暇はありません。けっして慌てず、食後の一休みのように「休む」ことを習慣にしてみてください。

281

きょうの我にあすは勝つ。

美空ひばり（歌手）

不等式で表すと、今日の私＜明日の私、ということでしょうか。少なくとも、今日よりは明日のほうが成長しているはずです。身長だって体重だって少しずつですが、確実に伸びているはずです。だったら、ちょっと頑張ってみませんか。明日は今日よりも確実に大きな自分になれるはずです。

282

プロでミスしたシュート９０００本
負けたゲーム約３００
ウイニングショットをはずしたこと26回
いままでミスしてきた
何度も、何度も、何度も
だから、おれは成功する。

マイケル・ジョーダン（アメリカの元バスケットボール選手）

まさに「失敗は成功のもと」を体現しているのが、バスケットボールの神様といわれるマイケル・ジョーダン選手です。

失敗を繰り返すことで、より強くなっていったのがこの言葉からよくわかります。

もし失敗したら、落ち込むのではなく、「よし、これで強くなれる」と胸を張って前を向いてください。

283

これをやっていれば幸せということ、
誰でもひとつ、あります。それを探しなさい。
それを見つけて仕事にしたら、
きっと幸福ですよ。

淀川長治（映画評論家）

自分の周りにいる友達をぐるっと見まわしてみてください。運動が得意な人もいれば、楽器を弾くのがとても上手な人もいませんか。

なかには数学や理科が好きでも、国語や英語はどうも苦手という人もいるでしょう。

でも、それでいいのです。すべてで高得点を取ることに血眼になる必要はありません。

どんな些細なことでもいいですから、人には負けない、これだけは自慢できることを探してください。

大人になって、それがあなたの一生の仕事になったらいいですね。

284

トライアンドエラーを繰り返すことが、〈経験〉と〈蓄積〉になる。独自のノウハウはそうやってできていく。

井深大（ソニー創業者）『井深大語録』

マニュアルを読んで学んだことには、オリジナリティがありません。暗記と同じで、ときが経つと忘れてしまいます。それよりは失敗をしたとしても、実体験を重ねることです。それは自分の血となり肉となり、自分しかできないやり方が生まれてくるでしょう。

285

抜《ばつ》山《ざん》蓋《がい》世《せい》

『史記』

山を抜き取るほどの大きな力と、世を覆うほどの気力を持っているという意味の言葉です。何かを成し遂げたいと思ったなら、ここぞというタイミングで全力を尽くしましょう。それも山を引き抜くほどの力で一気にエイッ！とやり遂げるのです。

286

改革者が一番に自分を改革するのサ。

勝海舟（政治家）

「言いだしっぺの法則」というものがあります。最初に言い出した人が、結局担当させられるハメになるのですが、もしそうなったら甘んじて受けて立ちましょう。何かを変えたかったら、まず自分が変わらなくては物事が進みません。自分が変わることで、周囲の人にも影響を与えることができます。

287

行動することは必ずしも
幸せをもたらすわけではない。
しかし、行動のないところに幸せはない。

ベンジャミン・ディズレーリ（イギリスの政治家・作家）

288

人間、志を立てるのに
遅すぎるということはない

スタンリー・ボールドウィン（イギリスの政治家）

289

最初で最高の勝利とは、
己に打ち勝つことだ。

プラトン（古代ギリシャの哲学者）

290

チャンスは、
準備ができている者のもとにやってくる。

ルイ・パスツール（フランスの科学者・細菌学者）

291

高く登ろうと思うなら、自分の脚を使うことだ。高い所へは、他人によって運ばれてはならない。人の背中や頭に乗ってはならない。

フリードリヒ・ニーチェ（ドイツの哲学者）

自分以外の誰かの力に便乗しても、たどり着けるのはすでに誰かが到達した地点です。より前に、より高くをめざすためには、自身の力で突き進むしかないのです。自分の脚で一歩一歩、着実に歩みを進めていくその道が、頂点に続いているのです。

292

勇気はすべての景色を変える。

ラルフ・ワルド・エマーソン（アメリカの思想家）

つらいとき、自信のないときというのは周囲の景色がきまって暗く陰鬱《いんうつ》なものに見えるはずです。でも、それは実際の景色ではありません。ちょっとだけ勇気をもって、気持ちを切り替えるだけで今まで目にしていた世界が色鮮やかに変わります。それが本来の、あなたが見るべき世界なのです。

293

希望と恐れは切り離すことはできない。裏表の関係だ。恐れのない希望もなければ、希望のない恐れもない。

フランソワ・ド・ラ・ロシュフコー（フランスの文学者）

希望を持つということは、同時に「もし叶わなかったら」とか「もし思い描いていたものと違ったら」などという恐れを抱くことでもあります。希望には恐れがつきものである以上、恐れるあまり希望を持たないのは愚かなことなのです。

294

わが道はとほくはろけし
飛躍は望むべからず
一歩一歩を行く

佐佐木信綱（歌人）

気の遠くなるような遠い道のりでも、一歩一歩進むことでいつか必ず踏破することができます。近道はありません。毎日、着実に勉強をすることが、何より確かなやり方なのです。千里の道も一歩からです。

295

トボトボ歩きが競争に勝つ。

アイソーポス（古代ギリシャの寓話作家）『寓話集』

とぼとぼとゆっくり歩いていても、地道に前に進んで行った者が結局は勝つという『ウサギとカメ』の教訓です。急ぎ足になって息切れしたり、慌てて道に迷ったりするよりも、ゆっくりでもいいから確実に進むほうが結局得をするということです。

296

生き残るのは、最も強い種でも、最も知的な種でもない。最も変化に適応できる種が生き残るのだ。

チャールズ・ダーウィン（イギリスの自然科学者）

頑固さは諸刃の剣です。こだわりを持つのはいいことですが、自我を押し通すばかりではいけません。それよりはいろいろな意見に耳を傾け、いいものは取り入れていくという素直な気持ちを持ち続けましょう。柔軟さはいくつになっても大きな武器になります。

297

奇《き》貨《か》居《お》くべし

『史記』

チャンスは逃さずに利用するべきだという意味の言葉です。常にアンテナを張って、タイミングを逃さずにつかむ瞬発力が大切です。これは！　と思うことがあったら迷わず飛びつきましょう。ためらって見送ったら二度とそのチャンスは巡ってきませんよ。

298

ごまかしで成功するよりも、
堂々と失敗する方がよい

ソフォクレス（古代ギリシャの悲劇作家）『ピロクテテス』

299

例えれば、鍛冶屋が腕を振って腕が太くなるように、
元気を出し続けると、元気は増して来るものである

三宅雪嶺（哲学者）『世の中』

300

どうか思い出して。厳しい冬に雪の下で耐える種こそが、太陽の恵みを受け、春になれば薔薇になる。

アマンダ・マクブルーム（アメリカの歌手）

植物の種もそうですが、動物たちも春の到来を待ちわびます。冬の間、雪の中でじっと耐えることで、若葉が森を覆い始めるのを知っているからです。何か悩むことがあって心が縮むことがあっても、いつか春の陽が当たって芽吹くときが必ず来ます。

301

物事はもっとやってみれば、
もっとできるものである。

ウィリアム・ヘイズリット（イギリスの作家）

8　幸福について

寝床につく時に翌朝起きることを楽しみにしている人は幸福である。

カール・ヒルティ（スイスの法学者）

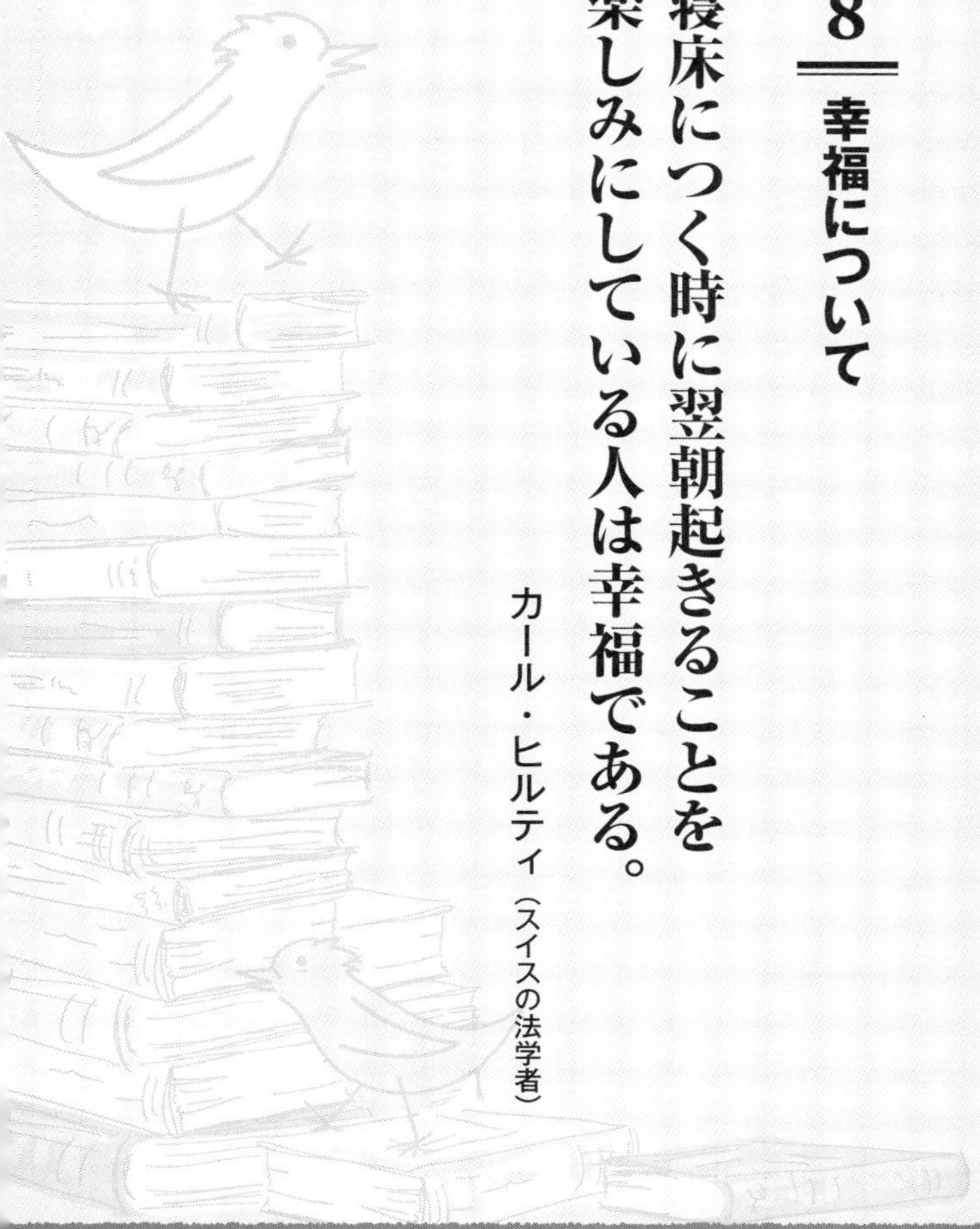

302

仲間に信じられることと、頼られること。
その二つがいかに人間を大きくするかを
教えてもらいました。

宇津木妙子（ソフトボール監督）

来る2020年、日本には2度目となる夏のオリンピックがやってきますが、この言葉の主は、そのオリンピックで久々に復活するソフトボールの第一人者です。スポーツをやっている人ならもちろん、そうでない人にも言いたいのは、青春時代を過ごす仲間は特別なものだということです。

本音で話したり、ときには仲たがいしたり、その繰り返しで信頼関係は構築されていきます。でも、大人になると知恵や見栄がジャマをして、頼ったり頼られたりすることは減ってしまうのです。

今、なんの計算もなく信じ合える友がいる人はラッキーです。その関係は必ずや、あなたを成長させてくれるはずです。

303

幸せになろうと思わないでください。幸せをつかみに行って幸せをつかんだ人はひとりもいません。幸せは感じるものです。

金八先生（ドラマ『3年B組金八先生』より）

彼氏や彼女がほしいとガツガツ行動していたけれど、大人になったら幼馴染みと結婚…などというパターンはよくあります。そこにはやっぱり長い間に培われた信頼関係や居心地のよさがあるからです。幸せはひだまりのようなもの。目には見えないけど温かいのです。

304

最も身近な人を幸せにすることは最も難しいことであり、それ故に最も価値のあることである。

宇野千代（小説家）『人生学校』

両親や気の置けない友人は、あなたにとって「いて当たり前」の存在かもしれません。でも、だからこそ、つい扱いもぞんざいになっていませんか。目をつぶってその人がいない人生を想像してみてください。「当たり前」であることは、とてつもなく尊く、幸福なことなのです。

305

思い通りにならないこともあるのが、
しあわせに暮らすための必須条件。

綿矢りさ（作家）『ひらいて』

若いころはとかく、何もかも思い通りにならないと気がすまないという考えに陥りがちです。

不安だからと恋人を束縛したり、部活でスタンドプレーに走ったり…。ですが、そんなことをしていれば、当然のごとく相手からは嫌われてしまいます。

人間はしょせん他人同士です。誰かを100パーセント理解するなどということは絶対にあり得ません。

たとえば、好きな人の心や行動がすべて見透かせたら楽しいですか？　わからない部分があるから、心を寄せたいと思うのではないですか？

スポーツにしても、ぶつかって話し合うことでチームワークは構築されます。そういう過程をたどれることこそが歓びなのです。

306

誰だって、ほんとうにいいことをしたら
いちばん幸せなんだねえ。

宮沢賢治（詩人・童話作家）『銀河鉄道の夜』

307

人はみな自分ばかりを愛し、
その結果、自分を一生苦しめている。
そうだ、愛されるということは幸せなことじゃない。
しかし誰かある人を愛するということ、
これは幸せなのだ。

ヘルマン・ヘッセ（ドイツの作家）『クラインとヴァーグナー』

308

一生の間に一人の人間でも幸福にすることが出来れば自分の幸福なのだ。

川端康成（小説家）『掌の小説』

自分が幸せになりたければ、大切な人を幸せにする努力をすることです。その笑顔を見たとき、きっとあなたは自分が幸福感に包まれるのを感じるはずです。その相手は、恋人、両親、あるいは友だちかもしれません。そして、そう思える人がいることが、一番の幸福なんだと忘れないでください。

309

目の前にある現実だけを見て、
幸福だとか不幸だとかを判断してはいけない。
その時は不幸だと思っていたことが、
後で考えてみると、より大きな幸福のために
必要だったということがよくあるの。

フジ子・ヘミング（スウェーデンのピアニスト）『フジ子・ヘミングの「魂のことば」』

「損して得取れ」という言葉があります。

先に損をすることで、あとからくるリターンを期待する。言い換えれば、目先の利益にとらわれるなという意味です。

今、直面している不幸もこれからやってくるであろう大きなリターンに必要な「損」なのかもしれません。

悲観に暮れるのはまだまだ早いですよ。

310

自分の幸せに気がついていないことが、何よりも不幸なのです。

ネイティブ・アメリカンの言葉

学校がダルい、勉強もつらい。その気持ちもおおいにわかりますが、世界では5700万人もの子どもたちが教育を受けたくても受けられないという現実があります。大人になれば教育の大切さを痛感するときが必ず訪れます。働かずして学ぶことに専念できる、これってとても贅沢な時間なんですよ。

311

みんなが考えているよりずっとたくさんの「幸福」が世の中にはあるのに、たいていの人はそれをみつけないのですよ。

モーリス・メーテルリンク（ベルギーの詩人）『青い鳥』

「自分は幸せだ！」と言える人は、小さな幸せを発見するのが上手です。いつもよりよく寝られた、朝食がおいしかった、面白い本に出会った、花がきれいだった――。心を満たしてくれるささやかな幸せは、身の回りにあふれています。いいこと探しの達人になりましょう。

312

人間の幸福というのは、滅多にやってこないような、大きなチャンスではなく、いつでもあるような、小さな日常の積み重ねで生まれる。

ベンジャミン・フランクリン（アメリカの政治家）

313

寝床につく時に翌朝起きることを楽しみにしている人は幸福である。

カール・ヒルティ（スイスの法学者）

314

貧乏な人とは
少ししか物をもっていない人ではなく
無限の欲があり
いくらあっても満足しない人のことだ

ホセ・ムヒカ（第40代ウルグアイ大統領）

ホセ・ムヒカさんはウルグアイの前大統領にして、世界一貧しい大統領といわれた人です。現職中も畑にある平屋で質素に暮らしていました。日本は世界でもトップクラスの消費社会ですが、モノがあっても幸せとは限りません。むしろ、モノでしか幸福感を得られないのが不幸だと言っているのです。

315

多くの人は大きな幸せを待つ間に、
小さな喜びを取り逃してしまう。

パール・バック（アメリカの作家）

少し前に栃木県の真岡鉄道が発したメッセージが話題になったことがあります。それは「綺麗に咲いている菜の花を踏みにじって何も感じないのでしょうか？」という一文でした。

ＳＬが走る真岡鉄道は、たくさんの撮り鉄が訪れる場所です。でも、一部の心ない鉄道ファンが、いいアングルで撮りたい一心で足元の菜の花を荒らしてしまいました。それに心を痛めたのが先のメッセージです。

大きな成果やわかりやすい幸せを望むと、菜の花が与えてくれるようなひっそりとした喜びを見逃してしまうこともあります。ちゃんと足元の幸せに気づける、そんな人になりたいものです。

316

幸せになるためには、ただ楽しさを感じるだけでなく、楽しさを感じていると気づく必要がある。

タル・ベン・シャハー（ハーバード大学教授）

意訳すると、「自分は今、楽しい」という意識を持てということですが、仲間とバカをやったり、スポーツに燃えたりしているときは無我夢中で、わざわざそんなことを考えているヒマはありませんよね。であれば、あとからでもいいので「あー楽しい！」と口に出してみてください。聞こえてきた自分の言葉が自覚させてくれます。

317

私たちの幸福のほとんどは、その境遇にあるのではなく、心のありようで決まるのだ。

マーサ・ワシントン（初代アメリカ合衆国大統領夫人）

周囲がうらやむような境遇の人が、深い孤独を抱えているというのは珍しい話ではありません。逆に、お金も家族もなくても、心が豊かな人もいます。幸福には共通のモノサシはありません。自分がその与えられた場所で、どれだけ充実した人生を送れるかで決まるのです。

318

そして　わたしたちは
忘れないようにしたい
若い人にも　年老いた人にも
明日は誰にも
約束されていないのだということを。

ノーマ・コーネット・マレック（アメリカの詩人）『最後だとわかっていたなら』

行ってきますと出ていった人が、二度と帰ってこない。朝、些細なことで喧嘩をした相手が夕方には帰らぬ人となる。一瞬先の未来であっても誰にも保障されてはいません。

亡くなった幼いわが子を思ってつくられたこの詩は、2001年の同時多発テロ後のアメリカで多くの人たちに共有されました。

もう二度と会えないとしたら、相手を傷つけるようなことは言いたくないし、一緒にいられる時間を心から大切にするでしょう。

今、生きていること、幸せであることは当たり前ではありません。そのことを頭の片隅にそっと置いておけば、明日の行動も変わるはずです。

319

山のあなたの　空遠く
「幸」住むと　人のいふ
噫われひとと　尋めゆきて
涙さしぐみ　かへりきぬ
山のあなたに　なほ遠く
「幸」住むと　人のいふ

カール・ブッセ（ドイツの詩人）「山のあなた」（上田敏訳）

山の彼方に幸せの異郷があるというので尋ねて行ったけれど、どうしても見つからないという詩です。

どこかに理想の場所があるかもしれないというのは、たいていの場合は現実逃避かもしれません。

今いる場所で精いっぱい生きていれば、そこが自分にとって居心地のいい理想郷になるはずです。

320

私は、一日一〇〇回は、自分に言い聞かせます。わたしの精神的ならびに物質的生活は、他者の労働の上に成り立っているということを。

アルベルト・アインシュタイン（理論物理学者）

あなたが食べているもの、着ているものは、誰かが生みだしたものです。どれほど社会がオートメーション化しても、必ず人の手が入っています。電車、バス、スマホもしかり。観念的な意味ではなく、誰もが誰かに支えられて生きているということを忘れてはならないのです。

321

敬《けい》天《てん》愛《あい》人《じん》

『南洲遺訓』

幕末の志士・薩摩藩の西郷隆盛の座右の銘として知られています。天を敬い、人を愛するという意味の言葉ですが、「自分に厳しく、他人に優しく」と言い変えることができるかもしれません。誰かのために尽くすことは自分の心をも満たしてくれます。ただし、独りよがりは禁物です。

322

幸福を得る唯一の方法は、幸福を人生の目的とせず、幸福以外の何か目的物を人生の目的とすることである。

J.S.ミル（イギリスの哲学者）

幸せになることを目的とすると、うまくいかないものです。理想は「これがあるから幸せ」と思えるものに出会うこと。つまり〝これ〟に当たる何かを探せばいいのです。勉強、スポーツ、仕事、趣味、あるいは家族を築くことだったり、一人で気ままに生きることかもしれない。誰にでも自分に合った幸せは必ずあります。

323

腹心の友って、あたしが前に考えていたほど、ぽっちりじゃないわ。この世界にたくさんいるとわかって、うれしいわ。

Ｌ・Ｍ・モンゴメリー（カナダの作家）『赤毛のアン』

今や生活にＳＮＳは欠かせないものです。クラスメイトだけでなく、その気になれば世界中の人といつでも簡単につながれるのは幸せなことです。でも、一生つき合える仲になれる人は、そのうちのほんのわずかかもしれません。そういう絆を大事にしてほしいのです。ＳＮＳ抜きでも成立する友情を築いてください。

324

幸福とは、報酬を求めなかった人々のところへくる報酬なのだ

アラン（フランスの哲学者）

すぐ目の前で落とし物をした人がいたら、とっさに拾って声をかけていますか。これも十分、無償の愛です。いいことをしたら、自分の心も温かくなる。これも幸せの形のひとつなのです。

325

幸福はコークスのようなものだ。何か別の物を作っている過程で偶然得られる副産物なのだ。

オールダス・ハクスリー（イギリスの作家）

コークスとは石炭からつくる燃料のこと。その製造過程では、ガスなどの副産物が生まれることに喩えた金言です。たとえば、あなたが部活や勉強、趣味などに打ち込んでいるときは、幸福が目的ではないはずです。でも、うまくいけばうれしいはず。この充足感が副産物です。

326

この世界でいちばんたしかなこと、それは、子どもの目にも、おとなの目にも、みえないものなのですから。

フランシス・P・チャーチ（アメリカの新聞記者）

目に見えるものしか信じない。これもひとつの信念ですが、目に見えないものを信じられるほうが人生は豊かになります。それは奇跡でもなく、おとぎ話でもない。愛情や思いやりなどの感情は、目に見えなくても確かにそこに存在するし、そういうものこそが何よりも大切なことなのです。

●参考文献

『「グッ」とくる言葉　先人からの名言の贈り物』（晴山陽一／講談社）、『少女物語』（阿久悠、新井満ほか／朝日新聞社）、『自分をまもる本―いじめ、もうがまんしない』（ローズマリー・ストーンズ著、小島希里訳／晶文社）、『「もう終わりだ」と思った時に読む本』（ダイアプレス）、『はてしない物語』（ミヒャエル・エンデ著、上田真而子・佐藤真理子訳／岩波書店）、『ラッセル幸福論』（B.ラッセル著、安藤貞雄訳／岩波書店）、『ＨＡＰＰＹ 幸せのカタチをみつけるための１１１の言葉』（A-Works編／A-Works）、『葉っぱのフレディ―いのちの旅―』（レオ・バスカーリア著、みらいなな訳／童話屋）、『アメリカ生きがいの旅』（城山三郎／文藝春秋）、『ことばセラピー　精神科医が診察室でつかっている効く名言』（上月英樹／さくら舎）、『「新しい人」の方へ』（大江健三郎／朝日新聞社）、『ザ・ワーズ　心を癒す言葉』（アレックス・ロビラ、山内志文訳／ポプラ社）、『ひつじの涙』（日高万里／白泉社）、『偉人たちの最高の名言に田辺画伯が絵を描いた。』（水野敬也、田辺誠一／朝日新聞出版）、『きみの行く道』（ドクター・スース著、いとうひろみ訳／河出書房新社）、『最新ことわざ・名言名句事典』（創元社編集部編／創元社）、『運命を変える偉人の言葉』（リベラル社編／リベラル社）、『さぶ』（山本周五郎／新潮社）、『賢人たちに学ぶ　道をひらく言葉』（本田秀伸／かんき出版）、『大往生』（永六輔／岩波書店）、『元気語録４００選　このひとことが幸せの扉を開く』（竹内均／講談社）、『奇跡の教室　エチ先生と『銀の匙』の子どもたち』（伊藤氏貴／小学館）、『「無償」の仕事』（永六輔／講談社）、『上司から部下へ、親から子へ　語り継ぎたい世界の名言１００』（七田眞監修、ハイブロー武蔵＋ペマ・ギャルポ／総合法令出版）、『ラブ・ユー・フォーエバー』（ロバート・マンチ著、乃木りか訳／岩崎書店）、『銀の匙』（荒川弘／小学館）、『20代から折れない自分をつくる１００の言葉』（川北義則／朝日新聞出版）、『あなたの潜在能力を引き出す20の原則と54の名言』（ケント・ヒーリー、ジャック・キャンフィールド著、弓場隆訳／ディスカヴァー・トゥエンティワン）、『先生たちがえらんだ　子どもに贈りたい１２０の言葉』（佐々木勝男編著／民衆社）、『人生学校―幸せを呼ぶ生き方の秘訣１２４人の提言』（宇野千代／集英社）、『子どもの心を育てる珠玉の言葉』（佐藤充彦／学事出版）、『フジ子・ヘミングの「魂のことば」』（フジ子・ヘミング／清流出版）、『時代を変えた科学者の名言』（藤嶋昭編著／東京書籍）、『心がラクになる後ろ向き名言１００選』（鉄人社）、『井深大語録』（井深大研究会編／小学館）、『心にジーンと響く１０８の名言』（竹内政明／大和書房）、『ひらいて』（綿矢りさ／新潮社）、『心に響く勇気の言葉１００』（川村真二／日本経済新聞出版社）、『人生ランナーの条件』（君原健二／佼成出版社）、『心のポケットに入れておきたい名言手帳』（竹内政明／大和書房）、『人生の道標になる座右の銘』（リベラル社編／リベラル社）、『読書で見つけた　こころに効く「名言・名セリフ」』（岡崎武志／光文社）、『日本史の名言・名セリフ２２４』（新人物往来社）、『こころの処方箋』（河合隼雄／新潮社）、『日本人なら知っておきたい名言１００』（木村進／総合法令出版）、『モモ』（ミヒャエル・エンデ著、大島かおり訳／岩波書店）、『奮い立たせてくれる科学者の言葉90』（夏川賀央／きこ書房）、『「もうダメだ！」と思ったら読む本』（アントレックス）、『掌の小説』（川端康成／新潮社）、『最後だとわかっていたなら』（ノーマ・コーネット・マレック著、佐川睦訳／サンクチュアリ出版）、『10代のための座右の銘』（大泉書店編集部編／大泉書店）、『イチロー×矢沢永吉　英雄の哲学』（矢沢永吉、「イチロー×矢沢永吉　英雄の哲学」製作委員会／ぴあ）、『こども座右の銘』（「座右の銘」研究会編／メトロポリタンプレス）、『サンタクロースっているんでしょうか？』（中村妙子訳、東逸子画／偕成社）、『座右の銘　意義ある人生のために』（「座右の銘」研究会／里文出版）、『野茂とイチロー「夢実現」の方程式』（永谷脩／三笠書房）、『十代に贈りたい心の名短歌１００』（田中章義／ＰＨＰ研究所）、『人間は自分が考えているような人間になる』（アール・ナイチンゲール著、田中孝顕訳／きこ書房）、『イリュージョン』（リチャード・バック著、村上龍訳／集英社）、『カシコギ』（趙昌仁著、金淳鎬訳／サンマーク出版）、『10代のための古典名句名言』（佐藤文隆、高橋義人／岩波書店）、『オードリー・ヘップバーンの言葉』（山口路子／大和書房）、『上司から部下へ、親から子へ　語り継ぎたい東洋の名言88』（ペマ・ギャルポ監修、ハイブロー武蔵／総合法令出版）、『日本人アスリート名語録』（桑原晃弥／ＰＨＰ研究所）、『慣用ことわざ辞典』（小学館）、『BIG TOMORROW １９９５．８号』（青春出版社）、『財界１９９０．２．13号』（財界研究所）、『プレジデント２０１４．11．３号』（プレジデント社）、『宝石１９９３．７号』（光文社）、『ＰＨＰ１９８３．９号』『ＰＨＰくらしラク～る♪２０１６．11』（ＰＨＰ研究所）、『読売新聞２０１６．７．31』（読売新聞社）、『日本経済新聞１９９０．６．24、１９９６．２．７、１９９７．４．14』（日本経済新聞社）、『朝日新聞１９９０．６．27、１９９６．２．26』（朝日新聞社）、『東京新聞１９９４．９．６、１９９７．４．14』（東京新聞社）、ほか

青春文庫

子《こ》どもの心《こころ》に届《とど》く
「いい言葉《ことば》」が見《み》つかる本《ほん》

2017年3月20日　第1刷

編　者　名言《めいげん》発掘《はっくつ》委員会《いいんかい》

発行者　小澤源太郎

責任編集　株式会社プライム涌光

発行所　株式会社青春出版社

〒162-0056　東京都新宿区若松町12-1
電話 03-3203-2850（編集部）
03-3207-1916（営業部）
振替番号　00190-7-98602

印刷／中央精版印刷
製本／フォーネット社

ISBN 978-4-413-09666-9